# 몸짓의

**Philosophia**
**acitonis corporis**

# 철
# 학

# 몸짓의 철학

**초판 1쇄** 2022년 11월 31일
**지은이** 이동영 | **편집** 북지육림 | **디자인** 박진범 | **제작** 천일문화사
**펴낸곳** 지노 | **펴낸이** 도진호, 조소진 | **출판신고** 2018년 4월 4일
**주소** 경기도 고양시 일산서구 중앙로 1542, 653호
**전화** 070-4156-7770 | **팩스** 031-629-6577 | **이메일** jinopress@gmail.com

# 몸짓의

**Philosophia**
**acitonis corporis**

# 철학

먹고, 자고, 싸고, 하고,
듣고, 말하는 것들의 의미

**이동영** 지음

부산 온천장에서 조은어깨동무정형외과를 개업하고 있는

나의 사랑하는 죽마고우 이상훈 원장과

그의 아내 강미정 선생에게

우정과 감사의 마음을 담아 본 저서를 헌정합니다.

두 내외의 일상이 항상 건강하고 행복하기를 빕니다.

# 몸짓의
# 철학

## • 인간에 대한 다양한 정의 •

인문학의 역사 속에서 인간에 대한 여러 가지 다양한 정의가 있어왔다. 예를 들면 고대 그리스의 철학자이며 폴리스(도시국가)의 시민으로서 고도의 정치의식으로 충만했던 아리스토텔레스Aristoteles는 인간을 '정치적인 동물political animal'이라 불렀고, 이러한 맥락에서 인간은 종종 '호모 폴리티쿠스Homo politicus'(정치적인 인간)로 정의되었다. 계몽주의가 인간의 '이성ratio'을 절대화시킨 이래로 스웨덴의 생물학자인 칼 폰 린네Carl von Linne, 1707~1778는 이에 발맞추어 인간을 '호모 사피엔스Homo sapiens'(사유하는 인간)라고 규정했다. 산업혁명이 시작되고 도구나 연장을 들고 열심히 노동하는 산업역군이 이상적인 인간의 이미지로 부각되었다. 그러자 프랑스의 철학자 앙리 베르그송Henri Bergson, 1859~1941은 인간을 '호모 파베르Homo faber'(노동하는 인간)라고 정의했다. 러시아의 신학자 알렉산더 슈메만Alexander Schmemann은 오직 인간만이 신에 대한 예배의식을 가진다는 점에 착안하여 인간을 '호모 아도란스Homo adorans'(경배하는 인간)라고 규정했다. 오늘날 복지국가의 이념과 더불어 인간의 휴식과 여가의 중요성이 강조되면서 네덜란드의 역사학자 요한 하위징아Johan Huizinga, 1872~1945의 '호모 루덴스Homo ludens'(놀이하는 인간)의 인간학적 이상이 주목받고 있다.

## • 몸짓의 의미 •

지금까지 인간에 대한 다양한 정의가 존재해왔다. 정치적인 인간, 이성적인 인간, 경제적인 인간, 종교적인 인간, 게임하는(유희하는) 인간 등등. 그러나 인간을 어떻게 정의하든 인간은 자신의 일상, 즉 일하고, 먹고, 자고, 똥 누고, 섹스하고, 앉고, 서고, 길을 가는 몸짓의 현실을 떠나서 존재할 수 없다. 그런 의미에서 모든 인간은 예외 없이 몸놀림, 즉 몸짓과 더불어 일상을 살아가는 존재들이다. 인간은 몸을 가지고 있는 존재이기에 자신의 삶의 '일상성Taglichkeit'으로부터 이탈할 수 없다. 일상은 우리의 몸짓으로 이루어져 있기에 일상을 살아간다는 것은 밥 먹고, 잠자고, 똥 누고, 섹스하는 등의 일체의 몸짓을 포함하는 말이다.

'일상日常'이라는 말의 사전적 의미는 '매일 반복되는 생활' 내지는 '늘 똑같은 하루'라는 뜻이다. 모든 인간은 예외 없이 일상을 살아간다. 인간은 안 먹고, 안 자고, 안 싸고, 안 하면서 살 수 없다. 이 말은 무슨 뜻인가? 이 말은 몸짓으로부터 자유로울 수 있는 인간은 이 세상에 단 한 명도 존재하지 않는다는 뜻이다. 몸짓이야말로 인간의 일상을 구성하는 가장 원초적이고 기본적인 단위인 셈이다. 이념과 인종과 계급과 성별을 초월하여 모든 인간은 몸짓, 즉 몸놀림을 하며 일상을 살고 있다. 그러므로 우리가 먹고, 자고, 싸고, 섹스하는 인간 몸짓의 의미를 탐구하는 것은 인간에 대한 가장 원초적인 이해에 도달하는 첩경이 아닐 수 없다.

# 이 책을
# 읽는 법

### • 모자이크적인 글쓰기 •

몸짓의 의미를 다루는 이 책은 모두 32개의 단편들로 이루어져 있다. 그리고 각 단편은 완결된 내용을 가진 하나의 독립된 소품이다. 그러므로 순서대로 읽을 필요가 없다. 그럼에도 내용적으로 독립된 각각의 소품은 다함께 모여서 우리 몸짓의 전모를 보여주는 한 편의 작품을 형성하고 있다. 사람들은 이러한 글쓰기 기법을 종종 '모자이크적인 글쓰기'라고 부른다.*

예를 들어 네덜란드의 역사학자 하위징아의 저서 『중세의 가을Herfsttij der Middeleeuwen』은 모자이크적인 글쓰기의 한 전형이다.** 하위징아는 『중세의 가을』에서 기승전결의 서술 방식이 아니라 모자이크적인 서술 방식을 취하고 있다. 모자이

---

\*    참조. 노명우, 『호모 루덴스』, 사계절, 2017, 46~47. 모자이크(mosaic)란 여러 가지 빛깔의 돌, 색유리, 타일 등의 조각들을 이용하여 무늬나 그림을 만들어내는 미술기법이다.

크를 구성하는 각 타일이 파편으로 쪼개져 있는 것 같지만 그것들이 모여 모자이크 그림을 형성하는 것처럼, 하위징아는 『중세의 가을』에서 이러한 모자이크 기법으로 중세 말기를 묘사하고 있다. 그렇게 함으로써 그는 기승전결의 구성을 가지고 있는 일반적인 책들보다 훨씬 더 자유로운 상상력의 여백을 독자에게 제공해주면서, 실로 역동적이고 아름다우면서도 스산한 중세 말기의 이미지를 그려내는 데 성공하고 있는 것으로 보인다.

### • 독자들께 자유로운 독서의 즐거움이 있기를……•

나 또한 이 책에서 모자이크 기법의 글쓰기를 하고자 한다. 내가 이러한 기법으로 글을 쓰는 이유는 이 책에 실린 32개의 단편들을 독자들이 크게 순서에 구애받지 않고 개인적인 관심사를 따라 즐겁게 읽기를 바라기 때문이다. 그렇게 함으로써 나는 일상을 구성하는 인간 몸짓들의 의미를 사색하기 위한 보다 자유로운 상상력의 여백을 독자들에게 제공하고 싶다. 독자들은 각자 개인적인 관심사를 따라 눈이 가는 대로

---

** 하위징아의 또 다른 대표작 『호모 루덴스(Homo Ludens)』(1938) 또한 모자이크식 기법으로 쓰인 작품이다.

즐겁게 이 책을 읽어주실 것을 부탁드린다. 그리고 이러한 책 읽기야말로 본 저자의 글쓰기 의도에 가장 잘 부합되는 독서 방법이라는 사실을 말씀드린다.

이 책 말미에 실린 네 개의 부록에 대해서 잠시 언급하고자 한다. 말미의 부록1과 부록3이야말로 이 책에서 가장 어려운 글들이 아닌가 한다. 이러한 두 개의 부록을 통해서 나는 이 책의 사상적 토대가 무엇인지를 밝히고자 했다. 필자가 어떠한 사상적 토대 위에서 이 책을 썼는지를 알고 싶은 독자는 이 두 개의 글을 읽어보면 될 것이다. 그러나 굳이 읽지 않아도 이 책을 읽고 즐기는 데 아무런 지장이 없다. 그러므로 이 두 개의 부록은 관심 있는 독자만 읽어주면 될 것이다. 부록2는 이탈리아의 철학자 조르조 아감벤Georgio Agamben의 미학을 비판적으로 다루는 글이다. 아감벤에 대해 관심을 가진 분들을 위해 필자가 페이스북에 올렸던 글이다. 독자들이 부록2를 읽으면 '아감벤의 벌거벗음의 미학에 대항하는 거룩함의 미학'이 무엇인지를 보다 쉽고 명확하게 파악할 수 있을 것이다. 그리고 부록4는 이 책의 내용과 관련하여 필자와 한국예술종합학교에서 연극이론을 전공하는 필자의 제자이며 극작가인 노진호 군이 대담한 내용이다. 독자들이 이 대담을 읽어보면, 우리 일상을 구성하는 몸짓의 의미를 성찰하는 본서의 담론이 왜 중요한지를 쉽게 이해할 수 있을 것이다. 그러므로 부록2와 부록4 또한 독자가 글의 순서에 구애받지 않고 관심이 갈 때 자유롭게 읽으면 즐겁고 재미있는 독서가 될 것이다.

## • 최종목표 •

이 책의 목표는 걷고, 보고, 앉고, 말하고, 듣고, 만지고, 웃고, …… 섹스하고, 잠자는 등등의 인간 몸짓의 의미를 탐구하고 드러내는 것이다. 그렇게 함으로써 그것들의 소중함을 재발견하고, 그것으로 인하여 우리의 일상을 풍요롭게 하는 데 있다.

몸짓의 의미를 규명하고자 하는 시도는 일상의 순간들이 함의하는 영원의 차원을 통찰하기 위한 노력이고, 일상으로부터 거룩함을 발견하고자 하는 고투이며 헌신이다. 나는 이 책을 읽음으로써 이러한 고투와 헌신에 기꺼이 참여하기를 원하는 독자에게 이 지면을 빌려서 머리 숙여 감사드린다.

2022년 9월 13일
높고 푸른 가을 하늘 아래서
지은이 이동영

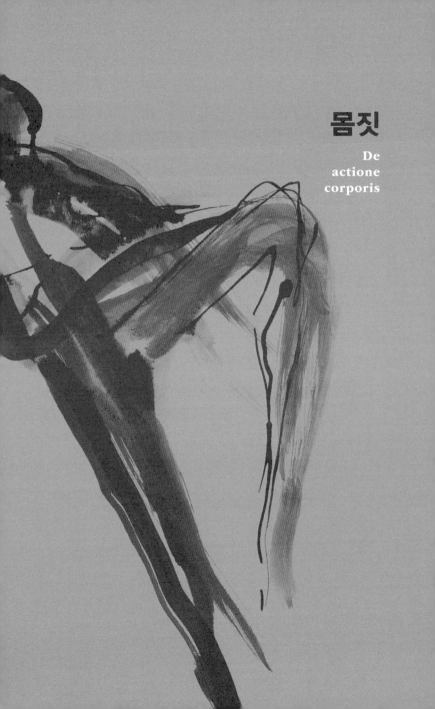

몸짓

De
actione
corporis

# 0

# 몸

corpus, 體

## • 몸, 일상의 터전 •

몸의 사전적인 의미는 인간의 '형상imago' 내지는 '모양 similitudo'을 구성하는 '전체totum'를 뜻한다. 나의 눈, 귀, 코, 혀, 손, 발, 피부는 모두 내 몸을 구성하는 '몸의 부분들articuli corporis'이다. 인간은 몸의 존재로 이 세상에 태어난다. 인간들은 각자의 몸을 통해서 듣고, 보고, 만지고, 쓰다듬고, 껴안음으로써 상대방을 느끼고, 인식하고, 경험한다. 그러나 또한 각자의 몸을 통해서 서로를 명백하게 구분 짓는다. 프랑스 철학자 에마뉘엘 레비나스Emmanuel Levinas가 정당하게 지적한 것처럼, 아무리 절친한 사이라고 할지라도 나의 몸과 타인의 몸은 서로 다른 몸이다.* 그러므로 몸은 나와 타인을 구분 짓는 가장 원초적인 '경계선'이라고 할 수 있다.** 그뿐만 아니라 인간은 몸을 통해서 세계와 소통하고 세계를 경험하지만, 몸을 통해서 또한 세상을 자기 자신과 구분 짓는다. 몸의 존재인 인간은 너-나Ich-Du 할 것 없이 음식을 먹고 잠을 자고, 똥을 누고, 옷을 입음으로써 자신의 일상에서의 삶을 영위한다. 대지를 떠나서 만물이 존재할 수 없듯이 몸을 떠나서 인간의 일상은 존재할 수 없다. 만물의 터전이 대지인 것처럼 일상의 터전은 인간의 몸이다.

현상학적으로 몸을 떠나서 인간의 사유와 일상은 존재할 수 없다. 인간은 몸을 가진 존재이다. 그러므로 인간은 일해야만 하고, 쉬어야만 하며, 음식을 먹어야만 하고, 똥을 누어야만 하며, 옷을 입어야만 하고, 잠을 자야만 한다. 이것들은 특정 인간에게만 해당되는 조건들이 아니라, 삶을 유지하기 위하여 모든 인간들에게 해당되는 일반적인 조건들이다. 인간의 사유와 인간의 일상은 몸을 떠나서 존재할 수 없다. 그러므로 '영혼anima'과 '육체corpus'를 분리시켜 놓고, 참다운 인간의 본질을 영혼에서 찾는 그러한 극단적인 고대 그리스의 플라톤주의적인 인간 이해는 비판받아 마땅하다. 우리 몸

---

* 참조. Emmanuel Levinas, *Le temps et l'autre*, Paris, PUF, 1979, 77.
** 참조. 강영안, 『일상의 철학』, 71.

의 가치가 거부되면 일하고, 밥 먹고, 잠자고, 똥 누고, 섹스하는 인간 일상의 모든 가치가 거부된다. 몸을 배제한 영혼이라는 개념은 관념적으로는 가능할지 모르나 현실적으로는 불가능하다. 우리가 몸을 배제하거나 멸시하는 사고를 가지게 되면 우리 일상의 삶이 유령화되어 신기루蜃氣樓가 될 수밖에 없다. 이것은 유령들의 삶이지 인간들의 삶이 아니다. 인간의 '영혼'과 '육체'는 '몸'으로 수렴되며, 그러기에 영혼과 육체는 몸의 두 가지 차원이다. 인간은 몸을 소유하고 있는 것이 아니라 인간이 곧 몸이다. 몸이 육체이며 몸이 영혼이며, 몸이 사유이며 몸이 곧 일상이다. 그래서 네덜란드의 신학자이며 철학자인 헤르만 바빙크Herman Bavinck, 1854~1921는 인간의 영혼만을 '신의 형상Imago Dei'이라고 주장하는 고대의 플라톤적인 '영육이원론Seele-Leib-Dualismus'과 그것을 계승한 근대의 데카르트적인 '심신이원론corps-espirit-dualisme'에 대항하여 인간의 "영혼뿐만 아니라 육체도 그리고 인간이 가진 모든 능력과 힘, 모든 처지와 관계들"을 '신의 형상Imago Dei'이라고 묘파했던 것이다.[*]

\* 헤르만 바빙크 지음, 박태현 옮김,『개혁교의학 2』, 부흥과개혁사, 2011, 693.

### • 우리는 몸을 배척하는 사상으로부터 벗어나야만 한다 •

흔히들 많은 사람들이 니체Friedrich Nietzsche를 따라 그리스
도교의 전통으로 인하여 인류는 탈신체적脫身體的이고 탈대지
적인脫大地的 사유를 하게 되었다고 한다. 이러한 그리스도교
적인 사유는 육체를 죄악시하고 대지를 멸시함으로써 현실의
삶을 부정하고 현실 도피적이고 타계적인 내세의 삶을 지향
하도록 만들었다고 비판한다. 그러나 그리스도교에 대한 이
러한 니체류流의 비판은 실로 플라톤주의Platonism와 데카르
트주의Cartesianism의 '영육이원론'에 의해 오독誤讀되고 오도
誤導된 그리스도교에 대한 비판일 수는 있으나 원래적인 예수
의 종교에 대한 비판일 수는 없다. 왜냐하면 예수는 몸을 배
재한 영혼만의 구원을 말한 적이 없기 때문이다. 플라톤Platon
이래로 데카르트René Descartes, 칸트Immanuel Kant, 헤겔Friedrich
Wilhelm Hegel에 이르기까지 서양철학의 노선이야말로 영혼과
육체를 분리하고 이성을 영혼에 귀속된 것으로 규정하여, 인
간의 본질을 오직 영혼이라고 주장했던 주범이다. 그러다 보
니 이들의 철학은 육체를 저급한 것으로 보게 하였으며, 인간
일상의 일들 또한 육체에 속한 열등한 것으로 멸시하고 폄하
하는 분위기를 서양 사상사 속에 조장시켰던 것이다. 일상의
중요함을 인식하기 위해서라도, 우리는 영혼과 육체를 분리

시켜서 영혼을 육체의 우위개념으로 설정한다거나, 육체로부터 영혼의 해방을 희구하는 이러한 플라톤적인 세계관으로부터 벗어나야만 한다.

## • 하늘과 땅과 몸과 일상의 소중함 •

몸은 '대기'(하늘)와 '대지'(땅)를 떠나서 그 생명력을 한시라도 유지할 수가 없다. 몸은 자족적인 생명체가 아니라 의존적인 생명체이기 때문이다. 몸은 대지로부터 양식을 취하여 영양을 공급받고, 대기로부터 공기를 취하여 호흡함으로써만 자신의 몸의 생명력을 유지할 수 있다. 그러므로 우리는 인간 생명의 기본 단위인 몸의 소중함과 몸의 행위들, 즉 몸짓으로 이루어져 있는 일상의 소중함과 함께 대지와 대기의 소중함 또한 간과하지 말아야 한다.

이제부터 우리의 일상을 구성하는 몸의 행위, 즉 몸짓의 의미에 대해서 이야기해보고자 한다. 우리는 몸짓의 의미를 캐냄으로써 우리 일상의 소중함과 우리 몸의 소중함을 그리고 대지와 대기의 소중함을 깨달아 알기를 원한다. 자, 시작해보도록 하자!

# 1

# 일하기

## ・ 일 ― 좋은 것인가, 나쁜 것인가? ・

우리는 일 가운데 산다. 일은 우리에게 기쁨일 수도 있지만 슬픔일 수도 있다. 그렇다면 일은 좋은 것인가, 나쁜 것인가? 일이란 것이 삶을 영위하는 근본적인 수단이라는 점에서 그것은 우리에게 좋은 것일 수 있으나, 일을 통해서 우리가 착취당하고 소모된다면 일은 나쁜 것이다.

## ・ 고대 로마인들의 안식일 경멸 ・

고대 로마의 지식인들은 유대인들의 안식일Sabbath 준수를 경멸했다. 로마의 철학자 세네카Seneca는 안식일 준수야말로 유대인이 얼마나 게으른 민족인지를 잘 보여주는 증거라고 비난했다. 세네카는 인간을 근본적으로 노동하는 인간으로 규정하고 있다. 알렉산드리아에서 활동했던 유대인 철학자 필로Philo von Alexandria는 이러한 로마인의 비난에 맞서 변론하기를 안식일 규례의 목적은 게으름을 조장하는 데 있는 것이 아니라, 정기적인 휴식을 취함으로써 노동을 위한 힘을 재충전하는 데 있다고 하였다.* 안식일의 쉼과 놀이의 목적을 오직 노동의 스트레스 해소라는 목적으로만 한정해 설명하려 했던 것이다. 하지만 안식일에 대한 필로의 이러한 견해는 유대적인 것이 아니라 아리스토텔레스적인 것이다.

## • 아리스토텔레스의 노동관 •

아리스토텔레스는 인간에게 휴식, 즉 쉼은 필수라고 말했다. 인간은 쉼 없이는 일할 수 없는 존재이기 때문이다. 그러나 아리스토텔레스에 따르면 쉼은 그것 자체로 목적이 아니라 노동을 위한 수단이다.** 쉬어야만 일할 수 있으니까. 그러므로 쉼은 노동을 위한 재충전의 시간일 뿐이다. 이러한 쉼에 대한 아리스토텔레스적 생각은 오늘날의 사람들에게 보편적으로 받아들여지고 있다. 그래서 하이데거Martin Heidegger는

---

*     Philo, *De Specialibus Legibus*, II, 60.
**    Aristoteles, *Ethica Nicomachea*, X, 6.

아렌트Hannah Arendt와 주고받은 편지에서 아리스토텔레스의 생애를 두고 "아리스토텔레스는 태어나서 일하다가 죽었다"라고 요약했다.* 아리스토텔레스는 인간을 노동, 즉 일하는 존재라고 규정했다. 인간에게 일이라는 것은 삶의 의미와 관련하여 중요하다. 하지만 아리스토텔레스가 생각하는 것처럼 인간은 일하기 위해서 태어난 것은 아니다. 일하기 위해서 태어난 인생! 참 듣기만 해도 피곤하고 갑갑하고 답답하며 우울해진다. 일은 일 자체로 악하거나 선한 것은 아니라 할지라도, 인간 삶의 목적이 일에 있다고 한다면, 삶이란 숙명적으로 피곤과 권태와 우울을 동반하는 기나긴 여정이 아닐 수 없다.

### • 고대 유대인들의 노동관 •

고대 유대인들은 일에 관하여 아리스토텔레스와는 정반대로 생각했다. 그들에 따르면 인간은 일하기 위하여 쉬는 것이 아니라, 쉬고 놀기 위하여 일한다는 것이다. 그래서 유대인들은 안식일을 지키는 것을 자신들의 삶과 종교의 중심개념

---

\*   Hannah Arendt & Martin Heidegger, *Breife 1925-1975*, Frankfurt am Main, 2002, 184.

으로 삼았다. 유대인들에 따르면 안식일의 쉼은 우리가 노동을 위한 기력을 회복하기 위함이 아니다. 구약성서「창세기」2장 1~3절에 따르면 신은 자신의 창조사역을 7일째 되는 날 마치고 안식하였다고 한다. 그런데 여기서 우리가 좀 깊이 생각해봐야 하는 문제가 있다. 신이 6일간 창조의 일을 수행하느라 피곤해서 제7일에 안식했을까? 말도 안 되는 질문이다. 신은 전능하며 육체를 가지고 있는 존재가 아니라서 피곤할 수 없다. 그러므로 신의 안식에 관한「창세기」의 이야기에 근거하여 쉼을 생각했을 때 쉰다는 것, 즉 안식한다는 것은 노동할 힘을 재충전하기 위함이 아니며 안식 그 자체를 경축하기 위함이다.[*]

유대의 전통에 따르면 안식일에서의 안식(휴식) 자체가 신의 천지창조의 목적이며, 우리와 삼라만상의 생명을 경축하기 위함이다. 노동을 위한 체력을 회복하기 위하여 쉬는 것이 아니라 우리와 모든 살아 있는 생명의 살아 있음을 경축하고, 기뻐하고, 즐거워하기 위하여 쉬는 것이다.

얼마 전 이웃한 정육점에 고기를 사러 갔는데 정육점 주인 장이 갑자기 나에게 물었다.

---

[*]    참조. 댄 알렌더 지음, 안정임 옮김,『안식』, IVP, 2010, 42.

주인장: 올여름 휴가 다녀오셨습니까?

나: 아직 못 갔다 왔습니다. 사장님은 다녀오셨습니까?

주인장: 저도 아직 못 갔다 왔습니다. 장사 며칠 안 하면 그게 다 매상하고 관계가 있는 데다가, 휴가 가면 돈 써야 하고, 휴가 동안 가게 문 닫아두면 손님들 고기 사러 왔다가 헛걸음해야 하고…….

나: 사람이 일하려고 쉬는 것이 아니라 쉬기 위해 일하는 것인데, 이거 뭐 쉬는 것도 일하기 위해서 쉬어야 하니 쉬는 게 쉬는 게 아닙니다. 우리가 쉬기 위하여 일하는 거라면 얼마나 일이 신나겠습니까?

주인장: 그러게 말입니다. 유럽 사람들은 여름에 휴가 가려고 평소 열심히 일한다던데……. 사람이 일하는 이유가 휴가 가고 놀고 쉬기 위해서인데……. 제게 언제 그런 날이 오겠습니까?

사람이 일하는 이유가 휴가 가고 놀고 쉬기 위해서라는 정육점 주인의 말이야말로 휴식의 진정한 의미에 대한 정확한 갈파가 아닐 수 없다.

## • 일의 목적은 쉼에 있다 •

일, 즉 노동의 목적이 쉼에 있는 것이지, 쉼의 목적이 노동에 있는 것이 아님은 명백하다. 우리는 일하기 위하여 쉬고 노는 것이 아니라, 쉬고 놀기 위하여 일하는 것이다. 노동이 우리의 생명뿐만 아니라 삼라만상의 생명을 활성화하는 행위라면, 노동이 지향하는 궁극적인 목적과 '목표τέλος'는 안식(휴식)에 있다.

그대들! 쉼이 없는 세계를 한번 생각해보라. 오직 인간이 일하기 위해서만 살아가는 세계, 이러한 세계 속에서 인간은 단지 물질의 한 양태로 왜곡되고, 노동을 위한 도구일 뿐이며, 신조차도 물질의 한 양태로 왜곡될 뿐이다. 제2차 세계대전 당시 나치 포로수용소의 모토가 바로 "노동이 너희를 자유케 하리라Arbeit macht frei"였다. 이 문구와 더불어 수용소의 포로들은 나치에게 잔혹한 노동을 강요당하며 죽어갔다. 그러기에 나치 포로수용소에서 구사일생으로 살아남은 네덜란드의 역사철학자 요한 하위징아Johan Huizinger, 1872~1945가 나치가 강요했던 '노동하는 인간', 즉 '호모 파베르Homo faber'에 대항하여 '유희하는(놀이하는) 인간', 즉 '호모 루덴스Homo ludens'를 참다운 인간상으로 강조했던 것은 이해할 만하다. 노동이 인간 삶의 목적으로 설정되면, 노동은 이윤을 위하여 인간을 착취하는 끔찍한 흉기가 되고 만다. 그러므로 노동이 휴식에 귀속되어야지 휴식이 노동에 귀속되면 안 되는 것이다.

우리가 쉬기 위하여 일할 때라야 비로소 일이라는 개념 속에 참다운 의미가 불어넣어지는 것이다. 쉼이야말로 일하는 목적이며, 쉼의 한가함이야말로 우리가 일하는 이유다. 그러므로 우리의 노동은 휴식(안식)을 지향해야 하며 휴식으로 귀결되어야만 한다. 우리는 쉬기 위하여 일하는 것이지 일하기 위하여 쉬는 것이 아니다. 일과 휴식 사이의 이러한 관계 설정이 굳건히 유지되지 않으면 일과 휴식, 이 양자는 모두 왜곡되고 만다. 그리하여 일 속에서 인간은 착취당하고 소모될 것이며, 휴식 속에서 인간은 나태하여 타락하게 될 것이다.

# 2

# 걷기

**• 길에 대하여 알고자 하면, 그 길을 걸어야만 한다! •**

우리가 걷지 못한다면 불편한 것이 한두 가지가 아닐 것이다. 걸을 수 있다는 사실을 우리는 너무나 당연하게 여기는 경우가 많다. 그래서 우리가 어떤 사고를 당하거나 병마로 인하여 걸을 수 없게 되기 전까지는 걷는 것의 고마움과 중요성을 깨닫지 못하는 경향이 있다. 우리가 걸을 수 없다고 상상해보자! 우리는 아무 곳에도 갈 수 없고 오직 고정적인 장소에만 머물 수밖에 없다. 우리의 삶이 얼마나 답답하고 우울하겠는가? 그러니 우리가 걸을 수 있다는 것은 참으로 고마운 일이 아닐 수 없다.

걷는 것, 즉 길을 가는 것은 고래古來로부터 오늘에 이르기까지 진리와 진실을 지향하는 삶의 훈련과 태도에 대한 은유로 자주 사용되곤 하였다. 그래서 진리는 종종 도道, 즉 길에 비유되곤 하였다. 사람들은 이러한 진리를 쫓아 정진하는 사람을 길을 구하는 사람, 곧 구도자求道者라고 불렀다. 길은 걸으라고 있는 것이다. 우리가 걸어가려면 또한 길이 있어야만 한다. 게다가 길에 대해서 알고 싶으면 그 길을 걸어가보아야만 한다. 우리 인생의 여정이 일상의 행위인 걸음에 빗대어 설명될 수 있다는 것 자체가 매우 경이롭다. 일상에서 걷는 행위는 우리가 어딘가를 향하여 길을 가는 나그네viator이며 구도자임을 깨닫게 해준다.

몇 해 전 중국 창사長沙에 사는 지인이 차를 렌트해 용인에 살고 있는 나를 방문한 적이 있다. 당시 그는 용인이 초행길이었기 때문에 길 안내를 위해 나를 조수석에 앉혔는데, 기대와 다르게 내 길눈이 완전 젬병이었던 것이다. 그때 지인이 나에게 다음과 같이 물었다.

용인에 살면서 어떻게 용인 길을 그렇게 모를 수 있으세요?

정말 의아해하는 표정이었다. 그런데 내 비록 용인에 살지만 용인의 자동차 길을 잘 모르는 것은 지극히 당연하다. 내가 운전면허증이 없는 관계로 용인에서 다른 사람들의 차를 얻어 타고만 다녔다. 그러니 길을 모를 수밖에……. 길을 알려면 자신이 직접 그 길을 주행해봐야만 한다. 길에 대하여 관념적으로 사색한다 한들 길을 알 수 있는 것이 아니다. 그래서 옛 성현들은 "가고, 가고, 가는 중에 알게 되고, 행하고, 행하고, 행하는 중에 깨닫게 된다去去去中知, 行行行中覺"고 가르쳤던 것이다.

### • 길을 잃고 배회하는 것이 반드시 나쁜 것은 아니다 •

걷는 행위는 목적지가 있다. 그러기에 무턱대고 아무 방향으로나 걸을 수 없는 노릇이다. 그런 의미에서 걸음과 관련하여 길은 필수적이다. 길의 방향이 잘못되면 걷는 행위는 목적지에 도달하는 행위가 아니라 실족으로 나아가는 위험천만한 탈선일 수 있다. 그럼에도 불구하고 발터 베냐민Walter Benjamin은 길을 잃고 배회하는 것이 반드시 나쁜 일은 아니라고 말한다. 도시에서 길을 잃고 헤매보아야 그 도시의 민낯을 볼 수 있듯이, 인생에서도 길을 잃고 헤매보아야 인생의 진정한 모습을 알 수 있기 때문이다.

### • 길을 갈 때 누군가의 도움이 필요한 순간이 있다 •

내가 초등학생이었을 때 여러 학교가 합동해서 꽤나 깊은 산으로 소풍을 간 적이 있다. 무엇 때문에 소풍을 여러 학교가 어울려 갔는지 그 이유에 대해서는 생각이 잘 나지 않는다. 산에 등반하여 친구들과 맛있게 도시락을 까먹고 반별 장기자랑도 하면서 신나게 놀았던 것으로 기억한다. 그런데 내려오는 길에 내가 오줌이 너무 마려워서 화장실을 찾게 되었는데, 꽤 깊은 산중에 화장실이 있을 리가 만무했다. 그래서 산길을 잠시 이탈하여 인기척이 드문 구석진 장소를 찾아 소변을 누어야 했다. 소변을 다 보고 다시 길 위로 올라왔는데 어찌된 영문인지 선생님과 친구들이 보이지 않는 것이 아닌가? 소변 볼 장소를 찾아 헤매다 보니 나도 모르게 15분 이상을 소요하게 되었고, 그 결과 대열에서 이탈하는 사태가 발생했던 것이다. 어린 초등학생이 산속에서 담임 선생님과 친구들을 잃어버렸으니 얼마나 무섭고 당황했겠는가? 머릿속이 하얘지면서 공포가 밀려왔다. 나는 허둥지둥 갈팡질팡하며 길 아래로 뛰어 내려갔다. 그런데 문제가 발생했다. 조금밖에 내려가지 않았는데 내 눈앞에서 세 갈래 길이 펼쳐지는 것이 아닌가? 그때의 당황스러움과 공포는 오랜 세월이 지났건만 여전히 나의 뇌리에 생생히 남아 있다. 그때 내 등 뒤에서 어떤 어른이 말을 건네는 것이 아닌가? "너 우리 학교 학생 아니니?" 돌아보니 우리 학교 교감 선생님이었다. 좀 늦게 산을 내려오시던 교감 선생님이 나를 발견한 것이다. 안도의 한숨과 함께 눈에서 눈물이 왈칵 쏟아졌다. 교감 선생님 덕분에 나는 무사히 산에서 내려와 반 친구들과 합류할 수 있었다. 내가 교감 선생님을 만나지 못했더라면 산에서 길을 잃고 배회했을 것이다. 그때를 생각하면 지금도 여전히 등골이 오싹하다. 이런 경험은 길을 갈 때 어떤 경우에는 길을 잘 아는 누군가의 동행과 도움이 필요할 때가 있음을 깨닫게 해준다.

### • 인생은 잠들기 전에 가야만 하는 먼 길과 같다 •

길을 걷는 행위는 때로 누군가와의 약속을 지키는 것과 관련되어 묘사되기도 한다. 미국의 시인 로버트 프로스트Robert Frost, 1874~1963는 자신의 시 「눈 내리는 밤 숲가에 멈추어 서서 Stopping by Woods on an Snowy Evening」에서 다음과 같이 노래했다.

숲은 어둡고 깊고 아름답다.
그러나 내게는 지켜야만 하는 약속이 있다.
잠들기 전에 가야만 하는 먼 길이 있다.
잠들기 전에 가야만 하는 먼 길이 있다.

시인이 어두운 밤, 잠을 자야만 하는 시간에도 잠자리에 들지 못하고 먼 길을 가야 하는 이유는 지켜야 하는 약속이 있기 때문이다. 이 약속이 자신과의 약속일 수도 있고, 연인과의 약속일 수도 있고, 신과의 약속일 수도 있다. 어쨌든 그 약속을 지키기 위해 매진하는 삶을 시인은 "잠들기 전에 가야만 하는 먼 길"로 묘사했다.

### • 그대의 걸음걸이가 희망의 발걸음이 되기를…… •

길은 누군가의 뒤를 따라 걸을 수도 있고, 누군가와 함께 걸을 수도 있다. 때로는 외롭게 홀로 그 길을 걸어야만 하는 경우도 있다. 길이 없는 경우는 그대가 결정하고 걸어가는 그 걸음걸이야말로 길을 내는 행위일 수 있다. 그래서 박노해 시인은 자신의 시 「다시」에서 다음과 같이 노래할 수 있었다.

길 찾는 사람은

그 자신이 새 길이다

(박노해, 「다시」, 『사람만이 희망이다』, 느린걸음, 2015)

나는 그대들의 발걸음 또한 길이 없는 절망의 순간에 새 길을 낼 수 있는 희망의 걸음걸이가 될 수 있기를 바란다.

# 여행

## • 여행은 탈선이 아니다 •

우리의 일상은 다람쥐 쳇바퀴 돌 듯 반복되는 삶의 연속이다. 이러한 우리 삶의 반복성Wiederholung은 삶으로부터 지루함과 권태로움을 불러일으킨다. 그러기에 우리에게 여행은 즐거움이다. 여행은 삶의 반복성이 형성시키는 순환적인 시간의 리듬을 절단하여, 앞을 향한 직선 운동으로 삶을 전환하기 때문이다. 여행, 곧 길을 떠난다는 것은 순환 운동이 아니라 직선 운동이다. 그래서 우리는 여행을 떠남으로써 비록 짧은 기간일지라도 자기 삶의 장소가 아닌 낮선 미지의 장소에서 흥미와 새로움을 만끽할 수 있다.

여행은 삶의 공간을 떠나는 앞을 향한 직선적 행보다. 그래서 우리에게 해방감을 준다. 그렇다고 해서 여행이 결코 탈선은 아니다. 삶의 현장에서 떠나는 것을 의미하지만, 여행의 떠남은 불귀不歸의 떠남이 아니라, 생활로의 복귀를 전제로 한 떠남이기 때문이다. 그래서 여행은 즐거움이고 기쁨이고 설렘이며, 활력이고 낭만이다.

여행은 자기 삶의 터전으로부터 일정 시간 동안 떠나는 것이다. 그러기에 사람들은 여행의 여정 속에서 자신도 몰랐던 자신의 능력과 개성을 발견하는 경우가 종종 있다. 여행이 우리에게 선사하는 해방감, 흥미로움, 호기심, 즐거움, 낯섦, 두려움의 감정들은 우리 삶에 새로운 성찰들을 제공해주는 자극이 되기도 한다.

## • 여행에 대한 괴테의 교훈: 여행은 특정 장소를 관광하는 것이 아니라…… •

여행에는 출발점이 있고 도착점이 있다. 자신과의 관계 속에서 여행을 생각해보았을 때, 여행의 출발점은 언제나 '자기 자신Sichselbst'이며, 도착점은 '새로워진 자기 자신neuer Sichselbst'이다. 그런데 많은 사람이 여행의 출발점과 도착점을 자신과의 관계에서 생각하지 않고, 장소와의 관계에서만 생각하려는 경향이 있다. 독일의 위대한 문호 괴테Johann Wolfgang von Goethe는 『이탈리아 여행기Italianische Reise』에서 "로마에서 저는 저 자신을 발견하게 되었습니다"라고 썼다. 1786년 9월부터 1788년 4월 사이에 이루어진 괴테의 여행 기록을 살펴보면 이탈리아 여행은 괴테 자신의 내면에 은폐되어 있던 시적이고 문학적인 천재성을 일깨워준 강력한 계기momentum가 되었다.

제 여행의 중요한 목적은 육체적, 도덕적 폐해를 치유하는 것이었습니다. (……) 그다음의 목적은 참된 예술에 대한 뜨거운 갈증을 진정시키는 것이었고요. 전자는 상당히 성공적이었고, 후자는 완전히 성공적이었습니다.

괴테는 여행을 통해서 이탈리아 내의 특정 장소를 관광한 것이 아니라, 그 장소에서 자기 자신의 진정한 모습을 발견했던 것이다. 괴테에게 여행이란 자신이 누구인지를 발견하는 삶의 여정이었으며, 자신의 사상과 삶의 근원적인 대전환을 가지고 왔던 위대한 경험이었다.

### • 여행은 자신으로부터 출발하여
### 자신에게로 돌아오는 과정이다 •

사람들은 여행을 출발할 때 기대와 설렘을 가진다. 그리고 여행 도중에 긴장과 두려움이 발생하기도 한다. 여행으로부터 귀환할 때는 피로와 허탈감을 느끼기도 한다. 그러나 이러한 일련의 감정들의 상호작용이야말로 여행의 가치를 역동적으로 형성시키는 중요한 요소들이다. 여행을 출발할 때 기대와 설렘이 클수록 돌아올 때의 허탈감이 커질 수밖에 없다. 여행이 설렘과 허탈감이라는 이중의 감정을 우리에게 불러일으킨다는 사실이야말로 여행의 인간학적 국면이다. 사실 여행이란 자기 자신으로부터 출발하여 자기 자신으로 진행하고 자기 자신 속에서 자기 자신을 발견하여 결국 자기 자신에게로 돌아오는 일련의 과정이 아닐까? 우리의 일상 또한 우리 자신으로부터 출발하여 우리 자신으로 진행하고 그 진행의 과정에서 우리 자신을 발견하고 우리 자신에게로 돌아오는 일련의 과정이라는 점에서 여행과 별반 다르지 않다. 여행이 자신의 생활로부터 떠나서 새로운 자신을 발견하고 자신의 삶으로 돌아오는 일련의 과정이라면, 매일같이 되풀이되는 우리의 일상도 이른 아침 자신으로부터 출발하여 새로운 자신의 모습을 발견함으로써 깊은 밤의 안식에 이르는 하루의 여정이 되어야 하지 않을까? 아우구스티누스Augustinus는 인생 자체를 본향patria을 향한 기나긴 순례의 여행iter pregrinationis이라고 보았다. 아우구스티누스에 따르면 인생은 순례의 여행이며 인간은 순례 여행의 도상에 있는 여행자viator이다. 우리 인생이 기나긴 여행이라면, 우리가 간혹 떠나는 여행들은 인생이라는 기나긴 여행의 여정을 형성하는 작은 여행들로 보아야 할 것이며, 우리의 하루 일과日課 또한 그러하리라.

## • 목적 지향적인 삶의 위험성과 일상의 소중함 •

여행의 즐거움과 가치는 여행의 목적이나 목적지에 달려 있다기보다, 여행 과정에서 인간이 취하는 태도에 달려 있다고 하겠다. 그렇다면 우리 삶의 즐거움과 가치도 우리 삶의 목표에 달려 있다기보다는 우리 삶의 과정에서 우리가 취하는 태도에 달려 있다. 목표를 설정하고 그것에 집착하여 움직이는 인간은 그 목표에 도달하기 위한 효율과 그 효율의 발로로서 속도에 집착할 수밖에 없다. 그렇게 될 경우 우리 삶은 쉬이 피폐의 나락으로 떨어지게 된다. 오스트리아의 철학자 칼 포퍼Karl Popper는 저서 『열린사회와 그 적들Die offene Gesellschaft und ihre Feinde』(1943)에서 목적 지향적인 가치관을 매우 위험한 삶의 태도로 보았다. 그에 따르면 목적 지향적인 가치관은 개인의 개성과 정체성을 병들게 할 뿐만 아니라 이러한 가치관이 정치 이념으로 전이되면 그것은 곧 전체주의Totalismus로 나아가는 위험천만한 관문이 된다는 것이다. 포퍼에 따르면 이러한 목표(목적) 지향적 사회야말로 전체주의 사회를 규정짓는 본질적 특징이다. 이탈리아의 철학자 조르조 아감벤 또한 모든 목적 지향적인 논리 속에 강제가 개입되어 있다고 말한다. 목적 지향적 삶에서 목적이란 삶을 강제하는 이념이고 권력이다. 우리가 우리 안으로 침잠하여 우리 존재 자체가 담지하고 있는 의미를 관조하지 않고, 밖을 향하여 설정된 목표를 좇아 내달린다면 자기 자신을 상실할 뿐만 아니라 재물과 권력의 노예로 전락되기 십상이다. 그러므로 목적 지향적 삶이 아름다운 것이 아니라, 일상의 매 순간들을 소중히 여기고 살아가는 삶 자체가 아름다운 것이다. 삶의 가치는 외부의 목표에 의해 설정되는 것이 아니라, 삶 자체 속에 함축되어 있다. 삶의 의미는 존재 바깥에 설정되어 있는 것이 아니라, 존재 속에 사무치도록 스며들어 있다. 그래서 마치 항아리가 물을 담고 있는 것처럼, 존재라는 항아리는 생의 의미로 가득 채워져 있는 것이다. 이것에 대한 신학적, 종교철학적 표현이 '신의 형상imago Dei'을 닮은 존재로서의 인간에 대한 진술이 아닐까? 인간이 신의 형상이라는 말은, 인간은 그 존재 자체만으로 소중하다는 뜻이 아니겠는가?

삶의 가치는 우리 삶의 매순간들을 소중히 여기며 살아가는 삶의 과정에서 발현되어 나와야만 한다. 그러므로 우리가 여행을 떠날 때 여행의 과정 자체를 소중히 여길 뿐만 아니라 해방과 자유와 설렘과 호기심 속에서 그 여행을 기쁘게 즐기도록 하자! 그래서 새로운 존재가 되어서 우리의 일상으로 돌아오도록 하자!

# 떠남

## • 아무것도 데려갈 수 없다 •

우리가 우리의 도시, 우리의 고향을 떠날 때 데리고 가고 싶은 것이 너무 많다. 그러나 우리는 우리 자신을 제외하고 아무도 아무것도 데리고 갈 수 없다. 우리 각자는 이 세상에 아무것도 가지고 오지 않았고, 단지 홀로 이 세상에 왔다. 그러기에 자신 외에 아무것도 데리고 갈 수 없다. 그런데도 사람들은 모든 것을 영원히 소유할 수 있는 것처럼 착각하면서 자기 자신이 누군지를 모른 채 살아가고 있다. 기억하라! 시간은 부자들과 가난한 자들을, 유식자들과 무식자들을, 남자들과 여자들을, 모든 민족과 인종을 냉혹하리만큼 공평하게 대한다는 사실을! 우리 모두는 시간의 단두대로부터 자유로울 수 없다.

## • 떠나라, 그리하면 모든 것을 얻으리라! •

혀와 입술이 목소리를 만들고, 그 목소리들이 노래와 문학과 시를 만들고, 위대한 웅변과 연설을 만들지라도, 그대의 목소리는, 그대의 노래는, 그대의 문학과 시는, 그대의 웅변과 연설은 그대의 혀와 입술을 데리고 갈 수 없다. 목소리는 자신에게 날개를 달아주는 혀와 입술을 남겨두고 홀로 창공을 날아가야만 하는 것이다. 그래야 목소리는 노래가 될 수 있고, 문학이 될 수 있고, 시가 될 수 있으며, 웅변과 연설이 될 수 있다. 이것은 마치 독수리가 자신의 둥지를 두고 태양을 가로질러 창공을 날아 비상하는 것과 같다. 생각해보라! 독수리가 여름의 무더위와 겨울의 비바람과 싸우면서 자신의 둥지를 만들기 위해 얼마나 노력했는지를……. 그리고 그 둥지 속에서 얼마나 큰 안락을 누렸는지를……. 그 둥지는 뜨거운 태양의 열기로부터 독수리를 보호해주었으며, 비바람과 태풍을 막아주었던 것이다. 그대에게 둥지는 무엇인가? 그대의 물질인가? 그대의 권세인가? 그대의 학벌이고 학연인가? 그대의 인간관계인가? 그대의 가족인가? 그대가 속한 사회인가? 그대의 공동체인가? 그대의 민족인가? 아니면 그대의 국가인가? 그러나 그대는 그 모든 것들 중 어느 하나도 가지고 떠날 수 없다. 그대가 태양을 가로질러 저 영원한 자유의 창공으로 비상하려면 아무것도 가져갈 수 없다. 우리가 이 세상에 아무것도 가지고 오지 않았으므로, 아무것도 가지고 갈 수 없다. 그러므로 동서양의 현자들은 최소한의 먹을 것과 입을 것이 있으면 그것으로 족한 줄 알고 살았던 것이다.* 그래서 부와 궁핍과 삶의 모든 사정과 형편 속에서도 유유자적할 수 있었다.

그대가 아무것도 데려갈 수 없다는 것을 깨닫고, 그 모든 것을 소유하겠다는 집착을 끊어버릴 수 있다면, 독수리가 날갯짓을 하며 태양을 가로질러 저 창공의 자유 속으로 날아 들어가는 것처럼, 무한한 자유 속에서 우주 전체를 그대의 것으로 소유하게 될 것이다. 그리하면 그대는 누구도 빼앗을 수 없는 영원한 평화를 얻으리라!


'걷기'로부터의 **산책 3**

# 기차역


우리가 기차역에 나오면 역 특유의 정취를 느낀다. 기차역

---

\*      예를 들어 이러한 검약과 절제의 삶은 헬레니즘 시대의 철학 학파들, 즉 키니코스학파(Cynics)와 스토아학파(Stoics)의 유다이모니아($\varepsilon\upsilon\delta\alpha\iota\mu o\nu\iota\alpha$), 즉 '행복'에 이르는 길이었다. 바울도 또한 다음과 같이 교훈한다. "우리는 아무것도 세상에 가지고 온 것이 없으며 아무것도 가지고 갈 수 없습니다. 그러므로 먹을 것과 입을 것이 있으면 그것으로 만족하십시오. 부자가 되려고 애쓰는 사람은 유혹에 빠지고 올가미에 걸리고 어리석고도 해로운 온갖 욕심에 사로잡혀서 파멸의 구렁텅이에 떨어질 것입니다"(「디모데전서」 6장 7~8절). 고대의 현자들에 따르면 검약과 절제의 삶을 살 때만 인간은 행복할 수 있다는 것이다.

은 만남과 이별이 공존하고 교차하는 곳이다. 그래서 그곳에서 만나고 헤어지는 사람들에게 하나의 '특별한 장소'가 되기도 한다. 그런 의미에서 기차역은 인간의 사상적 방황과 고뇌 그리고 슬픔과 기쁨, 절망과 희망에 대한 문학적 상징체일 수 있다.

기차역에서 그대들은 사랑하는 이들과 만나고 헤어졌으며, 그리움과 설렘으로 벗들을 기다렸으며, 연인과 가족과 스승을 만나기 위해 먼 길을 떠났으리라!

기차역에 오면 우리는 나그네이며 순례자임을 가슴 시리게 느끼며 아픈 가슴으로 뜨거운 숨을 토하게 된다. 기차가 역을 출발하여 힘차게 레일 위를 달려 나가는 것처럼, 우리 인생도 그렇게 지나갈 것이다. 아! 그곳에서 만나고 헤어지며, 길 떠나는 모든 이들에게 축복 있어라!


'걷기'로부터의 **산책 4**

# 이별


## • 이별은 만남을 해체시킨다 •

이별은 참 아픈 것이다. 이별은 만남의 끝이기 때문이다.

이별을 통하여 모든 만남의 관계는 '해체Abbau'된다.

이별은 만남의 결과다. 우리가 서로 만나지 않았다면 그렇게 가슴 아픈 이별도 없었을 것이다. 그러기에 이별을 두려워하는 이는 만남도 두려워할 수밖에 없다. 우리가 태어나지 않았다면 죽을 일도 없는 것처럼, 만남과 이별 또한 그러하다. 그래서 만남과 이별은 생과 사를 닮아 있다.

## • 사랑한 만큼 이별은 아프다 •

우리가 누군가를 사랑할수록 이별의 슬픔은 크고 아프고 혹독하다. 사랑하는 이를 더 이상 보지 못한다는 것은 참으로 고통스러운 일이 아닐 수 없기 때문이다. 사랑하는 이를 잃어본 경험이 있는 사람은 나의 말이 무슨 뜻인지 알 것이다. 그의 미소, 그의 음성, 그의 모습, 그를 더 이상 볼 수 없다는 것은 참으로 처절한 슬픔이요 아픔이다. 사랑하는 이의 죽음이 우리에게 그토록 고통스러운 이유는 그를 이생에서 다시 볼 수 없기 때문이리라. 그래서 칼릴 지브란Kahlil Gibran은 『예언자The Prophet』 「배가 오다」에서 예언자 알무스타Almustafa가 열두 해 동안 머물렀던 오팔리스 시the city of Orphalese를 떠나려는 순간 그 도시의 사람들이 다음과 같이 절규했다고 쓰고 있다.

아직 우리의 눈이 그대의 얼굴을 그리워하느라 고통 받게 하지 마십시오. (……) 사랑은 이별의 시간이 찾아올 때까지는 그 자신의 깊이를 알 수 없는 법입니다.

이것은 이별의 슬픔과 고통에 대한 참으로 날카롭고 아름다운 묘파가 아닐 수 없다. "아직 우리의 눈이 그대의 얼굴을 그리워하느라 고통 받게 하지 마십시오"라는 말은 아직 사랑하는 이를 보낼 준비가 되어 있지 않다는 말이 아니겠는가? "사랑은 이별의 시간이 찾아올 때까지는 그 자신의 깊이를 알 수 없는 법"이라는 말은, 결국 사랑하는 이가 우리 곁을 떠났기에 더 이상 볼 수 없다는 슬픔과 상실감이 밀려왔을 때에라야 비로소 우리가 그를 얼마나 사랑했는지를 깨닫게 된다는 말이다. 그러기에 이별이 수반하는 슬픔과 고통이야말로 사랑의 깊이를 측정하는 가늠자와 같다. 우리는 이별의 순간이 다가왔을 때라야 비로소 안다. 우리가 그를 얼마나 사랑했는지를…….

### • 이별보다 더 슬프고 비참한 것은? •

모든 인간은 살아가면서 이별을 경험한다. 그러므로 우리는 이별을 두려워해서는 아니될 것이다. 정말 슬프고 비참한

것은 이별할 대상조차 없는 단절되고 무의미한 삶이 아니겠
는가?

# 3

# 앉기

## • 앉아서 쉬는 것을 싫어할 사람은 없다 •

우리는 피곤할 때 앉고 싶어 한다. 가령 하루의 고된 일과
를 마치고 귀가할 때 복잡한 버스나 전철에서 마침 앞에 빈자
리가 나서 앉을 수 있는 경우 그것을 조그만 행운으로 여긴
다. 아무리 역마驛馬 기질이 심하여 이 세상을 쏘다니는 방랑
자라 할지라도 방랑의 도상에서 잠시 앉아 쉬는 것을 싫어할
사람은 없을 것이다. 앉는다는 행위는 우리 일상의 주요 행위
중 하나다. 그렇다면 앉는다는 행위는 어떤 의미를 가지고 있
을까?

## • 가르침과 배움은 앉음으로부터 나온다! •

성서에 보면 예수가 산에 올라가서 자신을 따르는 제자들

에게 가르침을 설파하는 사건이 나온다. 이를 예수가 산 위에서 한 설교라고 해서 '산상설교山上說敎'라고 부른다.

> 예수께서 무리를 보시고 산에 올라가 앉으시자 제자들이 곁으로 다가왔다. 예수께서 비로소 입을 열어 이렇게 가르치셨다.

(「마태복음」 5장 1~2절)

여기에서 주목을 끄는 구절은 "앉으시자"다. 예수는 자리에 앉아서 제자들에게 자신의 가르침을 설파했다. 가르침을 듣는 제자들 또한 아마도 앉아서 예수의 설교를 경청했을 것이다. 서양의 주석가들은 이 장면을 주석함에 있어서 예수가 자신의 가르침을 설파할 때 앉아서 그것을 행했다는 사실에 전혀 주목하지 않는다. 그러나 동양의 전통에서 가르치는 스승이나 배우는 제자들이 앉아서 가르치고 배우는 것은 너무나 자연스러운 모습이며 누누이 강조되는 바다. 예수는 그 자신의 위대하고 영감에 사무친 가르침을 설파하기 전에 우선 자리에 좌정했던 것이다.

예수가 떡 다섯 개와 물고기 두 마리로 5,000명을 먹였다는 기적에 관한 이야기에서도, 자신을 따르는 무리가 저녁밥으로 먹을 양식이 필요했을 때, 예수가 무리에게 요구한 것은 앉으라는 것이었다.

저녁때가 되자 제자들이 예수께 와서 "여기는 외딴 곳이고 시간도 이미 늦었습니다. 그러니 군중들을 헤쳐 제각기 음식을 사 먹도록 마을로 보내는 것이 좋겠습니다" 하고 말하였다. (……) 제자들이 "우리에게 지금 있는 것이라고는 떡 다섯 개와 물고기 두 마리뿐입니다" 하고 말하자 예수께서는 "그것을 이리 가져 오너라" 하시고는 군중들을 풀 위에 앉게 하셨다. (「마태복음」 14장 15~19절)

여기에서 주목해야 하는 구절 또한 예수가 배고픔으로 인하여 먹을 것을 찾으려고 부산을 떠는 5,000명 군중들을 "앉게 하셨다"라는 대목이다. 배고픔으로 인하여 먹을 것을 찾아 조급을 떠는 그러한 마음을 가라앉히고 모두 잔디 위에 앉으라는 것이다. 오직 5,000명이 이렇게 한 마음 한 뜻으로 배고픔에 의해 조급해진 마음을 가라앉히고 자리에 앉을 때라야 비로소 떡 다섯 개와 물고기 두 마리를 함께 나눌 수 있는 넉넉한 마음과 기적이 생길 수 있다는 것이다.

초기 불교의 경전 가운데 『금강경金剛經』이라는 서물이 있다. 『금강경』은 싯달타가 인도 마갈타 왕국摩獺陀王國의 사위성

舍衛城에서 활동하던 당시 그의 가장 오랜 안거처安居處였던 기원정사祇園精舍라는 사찰에 머무르고 있을 때, 어느 날 아침밥을 구걸하러 마을을 다녀와서 아침 공양(식사)을 마친 직후 제자들에게 행한 한나절의 설법에 대한 기록이다. 『금강경』의 서두는 다음과 같이 시작한다.

한때에 석가세존께서 사위국의 기수급고독원樹給孤獨園祇*에 계셨는데 (……) 그 성에서 차례로 밥을 빌으시고, 본래의 곳으로 돌아오시어, 밥 자심을 마치시었다. 그 후 옷과 바리**를 거두시고, 발을 씻으시고, 자리를 펴서 앉으셨다.

여기에서도 우리가 주목해보아야 하는 구절은 "앉으셨다"다. 『금강경』의 가르침을 설파하기 전에 싣달타는 발을 씻고, 자리를 펴서 앉았던 것이다. 조선시대 유학의 전통에서도 가르치는 스승과 배우는 제자 모두 자리에 가부좌를 틀고 꼿꼿이 몸을 세우고 앉아서 가르치고 배웠다. 우리가 서당에서 가

---

*   '기수급고독원'은 싣달타가 가장 오래 머물렀던 절인 '기원정사'의 정식 명칭이다.

**   불교의 승려들이 공양(供養, 식사)을 할 때 쓰는 밥그릇을 '바리' 또는 '발우(鉢盂)'라고 한다.

르치는 훈장과 배우는 학동들의 모습을 상상해보면, 그 장면이 쉽게 그려질 것이다.

이렇게 스승이 중요한 가르침을 설파할 때는 앉아서 가르침을 펼치는 것이다. 제자들이 스승의 가르침을 배울 때 또한 서서 분주한 마음으로 듣는 것이 아니라 앉아서 마음을 가라앉히고 경청해야 한다. 앉아서 듣지 못하는 자는 진리와 진실을 경청하는 바른 몸가짐이 되어 있지 않다. 스승의 말씀은 앉아서 몸을 곧추 세우고 평정한 마음으로 경청해야만 한다. 평정심은 서 있음에서 나오는 것이 아니라 앉아 있음에서 나온다.

### • 앉아 있기와 엉덩이 피떡 •

유학 시절의 일이다. 독일어라는 어려운 외국어로 공부해야 했던 나는 현지 동료들보다 몇 배 이상 노력해야 학업을 따라갈 수 있었다. 그래서 나는 수업을 마치면 어김없이 도서관에 가서 그날 배운 것을 복습했다. 수업이 없는 날이면 아침부터 도서관에 죽치고 앉아 10시간 이상 책과 씨름해야 했다. 요즘에는 유럽의 대학 도서관들도 에어컨 시설이 잘되어 있다. 하지만 내가 유학할 당시만 해도 유럽의 여름이 에어컨 시설을 할 정도로 무덥지 않았기에, 대학 도서관에는 에어컨 시설이 제대로 되어 있지 않았다. 그러다가 언젠가부터 유럽의 여름은 무슨 이유에서인지—아마 지구온난화 때문일 것이다—한국의 여름 못지않게 더워졌다. 그러다 보니 에어컨 시설이 되어 있지 않던 대학 도서관은 찜통이 되기 일쑤였다. 유럽은 그렇게 속도가 있는 사회가 아니다. 우리나라 같았으면 무더워진 그 여름 즉시 대학 도서관에 에어컨부터 설치했겠지만, 그러기는커녕 이듬해 여름과 그다음 여름의 무더위에도 불구하고 대학 도서관 측은 에어컨을 설치하지 않았다. 무더운 여름에 찜통이 되어버린 대학 도서관에 죽치고 앉아서 매일 10시간 이상 공부해야만 했던 나는 그로 인해 지병을 얻었다. 엉덩이에 땀이 차며 심하게 짓무르게 되는 질고였다. 공부를 마치고 밤이 돼 집으로 돌아오면 일교차로 선선해진 기온에 짓물러 피떡이 된 엉덩이 살과 팬티가 엉겨 붙곤해서, 나를 더 고통스럽게 만들었다. 샤워를 하려고 팬티를 벗으면 굳어버린 엉덩이 살의 딱지가 살점과 함께 뜯어지는 통에 가려움과 통증을 수반한 피와 짓물이 흘러내렸다. 샤워를 하고 엉덩이를 수건으로 잘 닦아 말린 후 연고를 바르고 자면 다음 날 아침에 엉덩이 상태가 좀 나아져 있지만, 거의 매일 쉬지 않고 도서관에서 그런 생활을 반복하다 보니 엉덩이는 호전될 기미 없이 엉망이었다. 그래도 당시 공부에 매진해야 했던 나로서는 도서관에 계속 그렇게 죽치고 앉아 있지 않을 수 없었다. 마음과 정신을 가다듬고 공부에 매진하기에는 앉아 있는 자세만큼 효율적이고 효과적인 자세가 없었기 때문이다.

### • 앉으라. 그리고 성찰하라! •

그대들은 바른 자세로 앉아서 마음을 가라앉히고 자신을 성찰하는 데 익숙한가? 잠시의 고요와 침묵과 평정을 남보다 뒤처질지도 모른다는 불안과 조바심 때문에 견딜 수 없어 분주하게 돌아다니고, 방황하며, 서성이고 있지는 않는가? 무언가를 이루어야만 한다는 강박 때문에 자신을 잃은 채 정신없이 뛰어다니고 있지는 않는가? 우리가 정신없이 내달린다고 치자! 분주한 가운데서 자신을 잊어버린다면 아무리 빨리 달려본들 무슨 유익이 있겠는가? 그것은 엉뚱한 방향으로 달려가는 것이 아니고 무엇이겠는가? 마치 궤도를 이탈한 기차가 속도를 내면 낼수록 궤도에서 더욱더 멀어져, 위험에 처하는 것과 같은 이치라 하겠다.

우리 모두 하루에 한 번이라도 바른 자세로 고요히 앉아 하루의 삶을 돌아보고 내면을 성찰해보도록 하자!

왜 나는 오늘 그와 다투어야만 했는가? 왜 나는 그토록 분주하고 바쁘게 일해야만 했는가? 나의 이러한 삶이 종국적으로 향하는 곳은 어디인가?

이러한 성찰은 우리가 고요히 앉아서 마음을 평정하게 할 때라야 가능하다. 앉음에서 오는 성찰이 없는 삶은 무엇을 이루었다고 한들 자기 자신을 잃어버리는 불행한 삶일 수 있다.

# 4

# 보기

### • 본다는 것은 세상과 관계를 맺는 행위다 •

우리는 봄으로써 이 세상과 관계를 맺는다. 보는 행위를 통해서 우리는 이 세상의 온갖 대상과 사물들을 우리로부터 구분할 뿐만 아니라 그 사물들과 대상들에게 나름의 질서를 부여한다. 사람은 눈을 통하여 외부를 본다. 그런 의미에서 눈이야말로 우리 내면의 세계와 외부의 세계를 연결하는 통로이며 창이다. 우리는 봄으로써 외부의 세계를 우리 내면으로 받아들이고, 우리의 숨겨진 내면을 밖을 향하여 드러낸다. 우리는 어떤 것을 멀리 두어야만 하고, 어떤 것을 가까이 두어야만 하는지를 시선과 시각과 시야를 통해서 판단한다.

## • 눈빛이 곧 마음이다 •

우리의 손과 발과 입과 혀의 모든 행동이 우리의 지성과 정서와 의지를 표현한다. 그럼에도 불구하고 인간의 지성과 정서와 의지의 미묘한 변화와 차이를 엄밀하게 외부를 향하여 드러내 보여주는 것은 눈이다. 사람의 눈빛 속에는 그 사람의 미묘하고 다양한 감정이 공존하고 혼재하기에, 사람의 눈빛을 응시하면 그 사람의 기쁨과 분노와 슬픔과 즐거움과 애정과 고통과 욕망과 그리움과 두려움과 교만함과 선함과 악함과 경멸과 질투와 거짓을 눈치챌 수 있다. 그러므로 눈빛은 침묵의 언어를 머금고 있다. 눈빛은 깊은 내면의 의중을 담고 있기에 상대방의 눈빛을 읽을 줄 아는 사람은 인간의 마음을 들여다볼 수 있는 능력을 가진 사람이다. 눈을 통해 우리의 내면은 외부의 세계를 지향하며 외부의 세계와 관계를 맺고, 외부의 세계는 우리의 내면을 지향하며 우리의 내면과 관계를 맺게 된다.

## • 시선은 세계관이다 •

보는 것은 인간이 밖을 향하여 자신을 개방하고, 자신의 주변을 두루 헤아려 살피는 행위다. 보는 것은 가까이 있는 것뿐만 아니라 멀리 있는 것들에도 마음을 쓰는 행위다. 우리는 봄으로써 자신의 외부와 주변을 향해 내면과 내심을 드러낸다. 그러므로 보는 행위를 통해서 그 사람의 '세계관 Weltanschauung'이 고스란히 드러난다.

우리의 시각은 어둠 속에서도 빛을 볼 수 있어야 하고, 빛 속에서도 어둠을 볼 수 있어야 한다. 가까이도 봐야겠지만 멀리도 봐야 한다. 시간과 공간도 볼 수 있어야 하지만 시간과 공간 속에서 발생하는 사건과 역사와 그 이면도 꿰뚫어볼 수도 있어야 한다. 보이는 것도 볼 수 있어야겠지만, 보이지 않는 것도 볼 수 있어야 한다. 보이는 것이 다가 아니기 때문이다.

이 땅에는 수십억 명의 사람이 산다. 그러기에 수십억의 눈과 그 눈들이 만드는 수백억 개의 시선이 교차한다. 그대의 눈 또한 수십억의 눈들 가운데 엄존하는 두 개의 눈이다. 그리고 그대의 눈과 똑같은 눈은 이 세상에 단 하나도 존재하지 않는다. 시선이라고 다 같은 시선이 아니다. 편견과 멸시와 감시 같은 왜곡된 시선이 있는가 하면, 관용과 환대와 연대의 아름다운 시선이 있다. 그렇다면 그대의 눈빛은 어떤 시선을 창조하고 싶은가? 그것은 오직 그대의 몫이다.

# 시선 ─ 거리감과 친밀감

옳은 사색을 가능케 하는 바라봄(시선)은 사색의 대상에 대한 '거리감'과 '친밀감'이 함께 공존Ko-existenz할 때만 가능하다. 예수는 자신의 제자들에게 기도하는 법을 가르치는 자리에서 신을 향해 "하늘에 계신 우리 아빠"라고 부를 것을 가르쳤다. 신이 '하늘'에 있다는 것은 신과 우리 사이의 '거리감'에 대한 표현이며, '우리 아빠'라는 것은 신과 우리 사이의 '친밀감'에 대한 표현이다. 이처럼 예수의 신에 대한 시선은 '거리감'과 '친밀감'의 묘합이다. 그래서 하이데거Martin Heidegger는 "거리감을 견뎌내는 천진난만한 친밀감"에 관하여 말할 수 있었다.* 그리고 이러한 시선을 아드르노Theodor W. Adorno는 "사색적 시선"이라고 불렀다. 시선, 즉 바라봄이 '거리감'과 '친밀감'의 변증법적 공존을 유지하려면 시선의 '금욕적 절제'가 필요하다.** 시선이 금욕적인 절제를 잃어버리고 바라보는 대상의 안과 밖을 무분별하고 무차별적으로 탐할

---

\* Martin Heidegger, *Erlaeuterungen zu Haelderlins Dichtung*, Gesamtausgabe, Bd. 3, Frankfurt am Main, 1981, 146.

\*\* 참조. 한병철, 『시간의 향기』, 문학과지성사, 2014, 127.

때 이러한 시선, 이러한 바라봄은 쉬이 '관음증voyeurism'으로
퇴행되고 만다.

우리의 눈과 사물 사이의 거리가 사라질 때 우리의 지각은
더 이상 시각적일 수 없다. 사물에 대한 심미적 느낌은 눈과
사물 사이에서 거리가 가교하는 시각적 관찰과 그것이 수반
하는 친밀성을 통해서만 획득될 수 있다. 거리감을 상실한 시
각은 시각적이지 않고 촉각적이며, 심미적이지 않고 누추하
며 외설적이다.


'보기'로부터의 **산책 2**
## 관음증


관음증觀音症, voyeurism이야말로 오늘날 현대의 문화를 규정
짓는 중요한 특징 가운데 하나가 아닌가 한다. 관음은 '익명
성Anonymität'을 전제하며 그것과 함께 연동한다. 관음이 성립
하려면 전제가 있다. 그것은 바라보는 자의 시선이 익명성을
보장받아야 한다는 것이다. 시선의 익명성이 보장되지 않는
한 관음의 욕망은 해소될 수 없는 장애에 부딪친다. 숨어서
바라보는 행위가 타인이나 바라보는 대상에게 들켰을 때, 관

음의 행위는 부도덕하고 비인격적이며 변태적 행위로 지탄받게 된다. 바라보는 자의 시선이 익명성을 보장받을 때 여기에서 관음성이 형성된다.

요즘 사이버 공간에서의 악성 댓글을 자행하는 자들의 그 야비하고 독한 언사들 또한 관음증의 한 발로라고 볼 수 있다. 사이버 공간이라는 가상의 공간에서 그들이 보장받은 익명성으로부터 관음증의 이면에 은폐된 잔인한 욕망, 즉 인식 대상을 무차별적으로 지배하고 유린하고자 하는 야비한 욕망이 분출되어 나온다. 그래서 사르트르Jean Paul Sartre는 익명성을 보장받은 타자를 '지옥'이라고 불렀던 것이다. 샤르트르는 말한다. "지옥, 그것은 타자들이다L'enfer. c'est les autres." 관음증은 관찰자와 관찰 대상 사이의 관계를 근원적으로 왜곡시킨다. 여기에서 우리에게 금욕적 절제의 시선이 시급히 요청된다. 금욕적 절제의 시선, 즉 '거리감'과 '친밀감'을 함께 유지하는 시선만이 대상Gegenstand을 왜곡 없이, 진정으로 올바르게 '관조contemplatio'할 수 있게 해준다.

# 파놉티콘

보는 것의 가장 부정적인 형태 중 하나가 감시일 것이다. 감시는 인간 사회에서 여러 가지 목적으로 생겨난다. 감시 체제가 작동하는 대표적 기관이 교도소, 즉 감옥이다. 감옥 가운데 '파놉티콘$Πανοπτικον$, panopticon'이라는 것이 있다. 파놉티콘은 영국의 공리주의자 제러미 벤담Jeremy Bentham, 1748~1832이 착상한 감옥의 양식이다. 파놉티콘은 고대 그리스어에서 '모두'를 뜻하는 '판$παν$'과 '비춤' 또는 '바라봄'을 뜻하는 '옵티콘$οπτικον$'의 합성어로서 '모두를 비춘다' 내지는 '모두를 바라본다' 정도로 번역할 수 있는 말이다. 파놉티콘은 소수의 감시자가 자신들의 모습을 감추고 감방에 수감된 죄수들을 감시할 수 있는 형태의 '원형감옥'이다. 원래 근대 이전의 감옥은 피의자들이 재판을 기다리거나 구형을 기다리는 장소였다. 그러나 계몽주의 시대에 들어오면서 감옥은 단지 범죄자들을 감금하고 처벌하는 개념을 넘어서서 그들을 재교육하고, 재사회화시키는 교화의 장소로 이해되었다. "최대다수의 최대행복greatest happiness of the greatest number"을 최우선 가치로 생각했던 '공리주의utilitarianism' 사상가 벤담은 이러한 실용성을 염두에 두고 형벌 정책을 더 능률적으로 개선하고자 파놉티콘이라는 감옥을 구상했다.

파놉티콘은 교도관이 자신의 모습을 감춘 채 감방에 있는 수감자 모두를 감시하는 중앙 감시 시스템이다. 감시탑을 한 가운데 두고 원형으로 방들을 배치하고, 그 방들을 분리시켜 엄격하게 수감자를 격리시킴으로서 수감자들의 교제나 접촉은 철저히 차단된다. 벤담에 따르면 교화의 효과를 높이기 위해서 수감자들이 각자의 독방에서 홀로 고독 속에 있어야만 한다는 것이다. 감옥에서 수감자들 상호간에 교제가 원활하고 원만하면 교화의 효과가 떨어진다는 것이다. 그래서 파놉티콘에서는 각자의 독방에서 철저히 고립되어서 얼굴을 모르는 교도관만을 의식하며 그 교도관의 통제와 지시에 순응하면서 감옥 생활이 영위되는 것이다. 수감자들이 자신들을 감시하는 얼굴 없는 교도관의 존재를 의식하는 순간부터는 교도관들이 때때로 감시를 소홀이 하더라도—예를 들어 중앙 감시탑에서 교도관들이 감시를 잠시 멈추고 카드놀이를 하고 있다고 해도—항상 감시받고 있다는 경계심 때문에 수감자들은 심리적으로 위축되고 두려움을 느끼게 된다는 것이다. 그러면 수감자들은 얼굴을 볼 수 없는 교도관 앞에서 자기 자신을 스스로 통제하고 감시하게 된다. 벤담은 파놉티콘을 통해 매우 실용적이고 효과적으로 죄수들을 감시하고, 교정하며, 교화할 수 있다고 보았다. 벤담의 근대적 파놉티콘은 한쪽이 다른 한쪽을 일방적으로 들여다보는 방식이다. 그래서 파놉티콘에서는 감시하는 자와 감시당하는 자가 명백히 구분되며, 수감자의 일거수일투족을 감시하는 교도관의 시선은 수감자에게 두려움과 공포를 수반하는 전지전능한 독재적 시선이 된다.[*] 모두에 대한 얼굴을 볼 수 없는 소수의 감시체제! 이것이야말로 파놉티콘이 형성한 시선의 효율성이고, 위력이며, 전횡적 카리스마다. 심지어 벤담은 그 효과적 운영을 위해서 민간업자에게 그 운영을 맡기고자고 제안했다. 그리고 이 감옥의 가장 이상적인 운영자는 다름 아닌 벤담 자신이라고 서슴없이 말했다. 벤담에 따르면 정부는 돈을 받고 파놉티콘의 운영을 민간업자에게 맡기고, 민간업자는 수감자들에게 하루 16시간 노동을 시킴으로써 이윤을 창출하게 한다는 것이다.[**] 물론 파놉티콘에 대한 벤담의 주장은 받아들여지지 않았다. 디지털 기술이 없던 당시에 정책의 실용성을 최대화하고 이윤 창출을 극대화하고자 했던 한 공리주의자의 기발

---

[*]    참조. 한병철, 『투명사회』, 94~95.
[**]   마이클 샌델 지음, 이창신 옮김, 『정의란 무엇인가』, 김영사, 2012, 56.

한 착상에 불과했겠지만, 오늘날에는 어디에서나 손쉽게 사용되는 기술이다. 그런 면에서 볼 때 벤담은 실로 시대를 앞서나간 인물임에 틀림없다. 오늘날 교도소, 학교, 학원, 병원, 도시의 여러 시설들과 거리 곳곳에 설치된 CCTV 시스템이 바로 벤담의 파놉티콘의 21세기 응용이 아니고 무엇이겠는가?

벤담의 파놉티콘은 오늘날 매우 진보된 방식으로 일상 속으로 스며들어와 있다. 이것을 철학자 한병철은 디지털과 결합된 파놉티콘, 즉 '디지털 파놉티콘digital Panopticon'이라고 부른다.[*] 벤담의 파놉티콘이 다수에 대한 소수의 일방적 감시 체제라면 디지털 파놉티콘은 다수 사이에서 이루어지는 상호 감시 체제다. 디지털 파놉티콘에서는 다수에 속한 각자가 각자의 얼굴을 지운 채 서로에게 자신을 노출시키고 서로를 들여다본다. 이것이 디지털 파놉티콘인 인터넷의 세계다. 그래서 디지털 파놉티콘인 인터넷에서는 '관음증'과 '노출증'이 동시에 작동한다.[**] 디지털 세계에서는 '관음하는 자'가 동시에 '노출하는 자'다. 그리고 각자가 얼굴을 감추었기에 더욱더 잔인하고 잔혹한 방식으로 관음과 노출을 일삼는다. 때로

[*] 　한병철, 『투명사회』, 95.
[**] 　참조. 한병철, 『투명사회』, 96.

는 서로를 칭송하고, 때로는 서로를 헐뜯고 물어뜯으며 서로를 통제한다. 그렇게 함으로써 통제의 그물망은 더 촘촘하고 치밀하게 형성된다.[*] 디지털은 인류의 감시 기술 진보에 있어 혁명적 총아라고 하겠다.

투명한 디지털 파놉티콘 안에서 자행되는 관음증과 노출 증의 추동력은 다름 아닌 이윤의 창출이다. 얼굴을 지워버린 다수는 서로를 관음하고, 서로를 노출시키고 서로를 바라보며 미친 듯이 자본에 포획되어 이윤을 위해 봉사한다. 디지털 투명성의 목표는 이 세상을 윤리적으로 만드는 데 있지 않고, 이윤을 극대화시키는 데 있다. 디지털 파놉티콘은 한 방향으로 일방적으로 작동하지 않고 쌍방향으로 작동한다. 그래서 이 디지털 감옥에 수감된 자들은 자신들이 수감자인지도 모른 채 스스로 자유롭다고 착각한다.[**] 실로 끔찍한 일이 아닐 수 없다. 디지털 세계는 극단적인 이윤을 추구하는 신자유주의의 어두운 자화상이다. 오늘날 착취의 강도는 투명성에 비례한다. 투명하면 투명할수록 착취의 강도는 강한 것이다. 디지털의 투명성 속에서 스스로를 훤히 노출시킨 자는 착

[*]    참조. 한병철, 『투명사회』, 96.
[**]   참조. 한병철, 『투명사회』, 95.

취에 몸을 내맡긴 자다.* 착취를 막으려면 가려진 부분, 즉 불투명성의 부분이 존재해야 한다. 이 불투명성을 종교는 신비 mysterium라고 부른다. 신이 투명하기만 하다면, 그래서 훤히 들여다볼 수 있는 존재라면 우리가 어떻게 신을 신앙할 수 있겠는가? 신의 '거룩함sanctum'은 성전 '지성소'의 어두움 속에 은폐되어 있는 것이다. 불투명한 부분이 있어야 존경도, 존중도 있을 수 있다. 디지털이 지배하는 오늘날의 세계에 신비의 영역을 존립시키는 길은 감시의 경계선을 명확히 설정하는 것이다.

디지털 사회는 이윤 추구에 최적화된 사회다. 디지털 사회에서는 그 누구도 상대방에게 강요하지 않는다. 디지털 세계에서는 자기 자신이 주인이며, 경영자며, 사장이고 회장이다.** 과거 아날로그 시대에는 착취의 주체와 착취의 대상이 엄격히 구별되었다. 그러나 디지털 세계에서는 그 누구도 강요하지 않는다. 스스로 자신을 착취하기 때문이다. 디지털 시대는 얼핏 보기에 과거 어떤 시대보다 개인의 자유가 극대화된 시대인 것처럼 보인다. 그러나 이윤을 최우선으로 삼는 신

---

*     한병철, 『투명사회』, 100.
**    참조. 한병철, 『투명사회』, 99.

자유주의는 디지털 파놉티콘의 수감자들에게 스스로의 자유로운 결정 속에서 자기 자신을 착취하게 만든다. 디지털 세계에서 인간에 대한 감시와 착취는 자유에 대한 통제의 방식으로 이루어지는 것이 아니라, 인간의 자유로운 결정에 의해 자기 스스로를 착취하는 방식으로 이루어지기 때문에 더욱더 끔찍하고 소름 돋는 것이다. 어쩌면 이것은 계몽주의가 도달하려 했던 이상적 인간상의 극한적 퇴행일지도 모르겠다. 계몽주의는 스스로가 자신의 입법자가 되어 스스로의 입법에 의해 자신을 통제하며 행동하는 인간의 이상을 꿈꾸었다. 계몽주의의 완성적 대변자 칸트는 스스로가 자신에게 입법자가 되어 자신이 세운 그 입법의 원칙을 철저히 지키는 인간이야말로 이상적 인간이며 성숙한 인간이라고 가르쳤으며, 이러한 인간이야말로 중세의 종교적 타율성으로부터 해방된 자율적 인간이라고 불렀다. 그는 단지 입으로만 그런 주장을 한 것이 아니라 스스로 부과한 원칙을 따라 철저히 시간을 관리하고 행동과 감정을 절제하며 평생을 살았다.*

디지털 세계에는 안과 밖이 없다. 디지털 네트워크가 이미

---

* 참조. 강영안, 『강 교수의 철학 이야기. 데카르트에서 칸트까지』, IVP, 2014, 232.

세계를 뒤덮었기 때문이다. 그래서 디지털이 곧 세계이며 전체가 되었다. 디지털 세계가 창출하는 투명성 그리고 그 투명성 속에서 행사되는 자유로운 상호 노출과 상호 관음은 서로에 대한 감시를 증폭시킨다. 그리고 이러한 상호 감시는 이윤을 극대화하는 방향으로 작동하여 인간이 자발적으로 스스로를 착취하게 하는 거대한 파놉티콘을 만들어간다. 여러분은 구글, 네이버, 다음, 페이스북 같은 사이버 공간이 파놉티콘이라고 생각해본 적은 없는가? 그 매체들이 여러분에게 선사하는 자유가 파놉티콘의 달콤한 미끼라고 생각해본 적은 없는가?

# 5

# 말하기

### • 언어는 대상을 존재가 되게 한다 •

인간은 말하는 동물이다. 말은 인간과 다른 동물을 구분 짓는 인간만의 특징이다. 인간은 말을 통해서 상호간에 의사를 소통하고, 자신이 생각하는 것을 타인에게 표현하고 전달할 수 있으며, 그것들을 기록으로 남겨 보존할 수 있다. 인간에게 언어가 없었다면, 학문도 예술도 문학도 역사도 존재할 수 없었을 것이다. 인간은 말을 통해서 자신의 생각을 표현할 뿐만 아니라 우리가 말로 어떤 대상에 이름을 붙여 불렀을 때 그 대상은 비로소 우리 의식 앞에서 구체화된 존재로 나타나기 때문이다. 그래서 김춘수 시인은 자신의 시 「꽃」에서 다음과 같이 노래했다.

내가 그의 이름을 불러주기 전에는

그는 다만

하나의 몸짓에 지나지 않았다.


내가 그의 이름을 불러주었을 때,

그는 나에게로 와서

꽃이 되었다.


   김춘수 시인은 대상이 아무리 실존하고 있어도 이름으로 불러주지 않으면 자신에게 아무런 의미가 없다고 한다. 예를 들어 우리 곁에 장미꽃이 있어도, 우리가 "장미!"라고 그 이름을 불러주지 않으면 그것은 우리에게 장미꽃이 아니라 단지 무의미한 몸짓에 불과하다는 것이다. 그러므로 말에 의해서만 대상은 구체적인 존재로 규정된다.

### • 할머니의 가르침: "말끝을 흐리면 얼이 흐려져버려!" •

   언어가 대상을 구체적인 존재로 규정한다면, 결국 우리의 존재는 우리가 사용하는 언어로 이루어져 있다. 식민지 시절에 일본인들은 집요하게 우리말을 빼앗으려고 했다. 한국인의 말을 빼앗으면 한국인의 존재를 지워버릴 수 있기 때문이다.

'존재'에 해당하는 순우리말은 '얼'이 아닌가 한다. 옛날에 나의 할머니가 내게 다음과 같은 말씀을 해주신 적이 있다.

동영아! 말끝을 흐리면 안 돼. 말끝을 흐리면 얼이 흐려져버려! 왜놈들이 우리말 빼앗으려고 한 건 우리 얼을 빼앗으려고 한 거야. 할미의 아버지가 어릴 적에 할미에게 뭐라 했는지 아니? "왜놈들 세상이 되었으니 말끝을 흐리면 안 된다. 정신 차려야 해! 말은 얼이야! 그놈들이 우리 얼을 빼앗으려고 우리말을 못 쓰게 한 거야! 그러니 이제부터는 말끝을 흐리지 말고 또랑또랑하게 말하렴." 그렇게 말씀하셨어.

성주 사대부 집안의 딸이었던 할머니는 공부를 많이 한 분은 아니셨다. 그렇지만 말이 얼이며, 말끝을 흐리면 얼이 흐려지며, 말을 빼앗기면 얼을 빼앗긴다는 할머니의 말씀은 어린 시절 나에게 어떤 위대한 철학자들의 언어 사상보다 언어에 관한 깊은 성찰과 가르침을 주었다.

### • 언어는 존재의 집이다 •

언어는 자신의 능력으로 인간이 쟁취하거나 획득한 것이 아니다. 우리가 태어나기 전부터 언어는 이미 존재하고 있었다. 우리가 이 세상에 태어났을 때 우리는 엄마로부터 언어를 배웠다. 엄마에게 배운 그 말은 우리의 존재와 생각을 형성시켰다. 그래서 하이데거Martin Heidegger는 언어를 '존재의 집'이라고 불렀다.

언어는 존재의 집이다Die Sprache ist das Haus des Seins. 언어라는 집에 인간이 산다. 사고하는 철학자나 시를 짓는 시인은 이 집의 파수꾼이다. 이들이 파수를 봄에 의해서 존재는 완전히 그 모습을 열어 보인다.[*]

하이데거는 언어라는 집 안에 인간이 산다고 한다. 그리고 언어를 통해 인간은 자신의 존재를 드러낸다고 한다. 그리고 언어라는 존재의 집을 지키는 파수꾼이 다름 아닌 철학자이고 시인이라는 것이다.

인간은 치명적으로 언어적 존재다. 인간은 언어 없이는 자신의 존재를 규정할 수 없으며, 자신의 정체성을 확립할 수 없다. 그래서 레비스트로스Claude Levi-Strauss는 언어야말로 인

[*]    Martin Heidegger, *Über den Humanismus*, Frankfurt am Main: Vittorio Klostermann Verlag, 1947, Vorwort.

간 존재를 구성하고 인간 존재를 지배하며 그것에 질서를 부여하는 '구조structure'라고 주장했다. 그러므로 우리는 언어를 통하여 표현하려고 하는 것보다 더 많은 의미가 언어 속에 함축되어 있음을 깨달을 필요가 있다. 인간은 언어를 통하여 자신의 내면을 외부로 표현하며, 자신과 관계하는 외부의 세계를 자신 속으로 내면화시킨다.

## • 엄마의 말과 터부 •

인간은 태어나서 언어를 엄마에게서 배운다. 우리의 언어 체계는 모두 엄마로부터 온 것이다. 언어가 우리 존재의 구조와 질서라면, 결국 우리 존재의 구조와 질서의 형성에 엄마가 미치는 영향은 실로 절대적이라고 할 수 있다. 우리 존재의 구조와 질서가 엄마와 엄마의 언어 체계에 의존한다? 이는 정말 어마어마한 진실이 아닐 수 없다. 엄마가 어릴 적 우리에게 "약속을 어기면 안 된다", "밥 먹을 때 반찬 투정하면 안 된다", "거짓말하면 안 된다"고 가르치신 것들……. 엄마가 자신의 말로 우리에게 가르친 터부taboo가 우리의 도덕적 양심을 형성하고 있다. 실로 엄마의 말씀을 통하여 그 시대의 도덕적 이상이 우리의 마음에 내면화된다. 엄마는 우리에게 말을 가르쳐줌으로써 우리 존재의 구조와 질서를 형성시켜주었으며, 우리에게 도덕적 양심을 형성시켜주신 분이다. 엄마의 말의 수준이 나의 말의 수준이다. 엄마가 자신의 말로 전수한 터부의 수준이 나의 도덕적 양심의 수준이라는 사실을 우리가 자각한다면 엄마가 어린아이에게 미치는 영향력은 실로 엄청난 것이다. 이러한 사실을 이 땅의 엄마들이 의식해주셨으면 한다.

### • 말과 존재의 밑바닥 •

언어는 우리 존재의 구조요 질서다. 그리고 터부와 양심이 언어를 통하여 우리 마음속에 각인되어 있다. 이러한 사실을 우리가 통찰한다면, 언어의 타락은 존재와 양심의 타락을 의미한다는 것을 잊지 말아야 한다. 게다가 언어가 우리 존재의 구조요 질서라면 우리의 언사가 우리의 존재를 그 밑바닥부터 적나라하게 드러낸다는 뜻도 된다.

'말하기'로부터의 **산책 1**

# 모어 母語

### • 모국어는 없다, 오직 모어만이 있을 뿐이다 •

모국어母國語라는 말이 있다. 이 말은 우리가 이 세상에 태

어나고 성장하는 과정에서 듣고 말하면서 배웠기에 자신의
의식과 사유를 구성하는 언어를 지칭한다. 우리가 말할 때뿐
만 아니라 마음속으로 생각할 때나 꿈을 꿀 때도 모국어는 우
리의 말과 생각과 꿈을 규정한다. 한마디로 이 모국어라는 언
어는 우리의 존재를 규정하고 구성하는 거대한 의미 체계다.
우리가 언어를 떠나서 우리의 존재를 확인할 길이 없기 때문
에, 이미 전술한 바와 같이 독일의 철학자 하이데거는 언어를
'존재의 집'이라고까지 불렀다. 그러기에 모국어는 우리의 존
재를 규정하는 정체성의 요체라 할 수 있다. 모국어라는 말은
모국의 말, 즉 어머니 나라의 말이라는 뜻이다. 그러나 나는
이렇게 우리의 존재를 규정하고 구성하는 말을 모국어라고
불러서는 안 된다고 생각한다. 왜냐하면 우리는 언어를 국가
國家로부터 배운 것이 아니기 때문이다. 우리는 우리의 존재
를 규정하고 구성하는 이 말을 국가가 아니라 엄마로부터 배
웠다. 그러므로 이 말은 모국어母國語가 아니라 모어母語인 셈
이다. 우리의 언어는 엄마의 모태로부터 태어나서 엄마의 젖
을 먹으며 엄마가 해주는 그 말을 들으며 엄마로부터 배운 것
이다. 영국인들은 우리의 정체성을 규정하고 구성하는 존재
의 언어, 즉 모국어를 '마더 텅mother tong', 곧 '어머니의 혀'라
고 부르고, 독일인들은 '무터 스프라헤Mutter Sprache', 즉 '어

머니의 말'이라고 부른다. 그렇다! 모국어가 아니라 어머니의 혀, 즉 모설어母舌語이고, 어머니의 말, 즉 모어인 것이다.

### • 모어에 대한 사무치는 그리움 •

나는 젊은 시절 유럽의 여러 나라를 주유하며 공부했다. 그러다 보니 남의 나라말을 공부해야 했다. 게다가 전공이 전공인지라 희랍어Greeks, 라틴어Latin, 히브리어Hebrews를 위시한 여러 개의 서양 고전어를 배워야 했다. 외국어를 배운다는 것은 나에게 정말 힘들고 고통스러운 과정이 아닐 수 없었다. 그리고 이로 인하여 정서적인 고독감도 수반되었다. 나의 사고와 정체성을 구성하는 언어는 엄마가 나에게 가르쳐준 모어가 아니던가? 그런데 외국어를 배우고 익히면서 밀려오는 고독감은 내가 한 번도 접해보지 못한 전혀 다른 사유의 감옥 속에 감금당하는 차갑고 외로운 느낌이었다. 그것은 나에게 경이로운 경험이기도 하였지만 몸서리치는 고독감도 함께 수반되었다. 그런 고독감을 느낄 때마다 엄마에 대한 그리움과 모어에 대한 애착이 깊어만 갔던 것 같다.

### • 모어에 대한 무지와 반성 •

요즘 나의 자각과 반성은 내가 모어에 대해 생각보다 무지하다는 것이다. 그래서 언젠가부터 모어를 다시 공부해야겠다는 생각을 하게 되었다. 모어로 정확하고 명료하고 따뜻하고 결곡하게 글을 쓸 수 있도록 훈련해야겠다. 나의 속마음의 결과 주름까지 세밀하게 표현할 수 있는 유일한 언어인 나의 모어를 더 잘 사용할 수 있도록 갈고 닦아야겠다고 결심해본다.

'말하기'로부터의 **산책 2**

## 말(=사물)

### • 말은 사물이며 사건이다 •

성서에 보면 신이 태초에 말씀(언어)으로 하늘과 땅을 창조하였다고 한다.(『창세기』 1장 1절) 히브리어에서 '말씀' 또는 '말'에 해당하는 단어는 '다바르דָּבָר, dabar'다. 이 단어는 '사물' 또는 '사건'이라는 의미도 있다. 말 또는 말씀에 해당하는 단어가 사물 또는 사건이라는 뜻도 동시에 가진다는 것은 참으로 흥미로운 일이 아닐 수 없다. 현대 서양 언어 형성에 막대한 영향을 행사한 라틴어만 하더라도 말 또는 말씀을 뜻하는 단어와 사물이나 사건을 뜻하는 단어가 각기 따로 존재한다. 라틴어에서 '말씀' 또는 '말'에 해당하는 단어는 '베르붐verbum'이고, '사물' 또는 '사건'에 해당하는 말은 '레스res'다. 그렇다면 유대인들은 로마인들보다 언어적 상상력이 부족하여 사물이나 사건이라는 단어를 따로 만들지 않은 것일까?

## • 말과 사건의 일치 •

말과 사물을 동일한 단어로 표현하는 유대인의 독특한 언어 체계의 배후에는 어떠한 사유가 도사리고 있는 것일까? 다시 성서로 돌아가서 이러한 질문에 답변할 것 같으면 다음과 같은 논리가 성립된다. 태초에 신이 말씀으로 하늘과 땅, 즉 세상을 창조한다. 이 세상은 신의 말씀과 더불어 존재하게 되었다. 신이 말씀하셨다. "빛이 있으라!" 이 말씀과 더불어 흑암 속에 빛이 존재하여 이 세상은 밝아지게 되었다.(『창세기』 1장 3절) 즉 빛이 있으라는 신의 말씀은 단지 말이 아니라 빛이라는 사물을 현존시키는 사건이 되었던 것이다. 그러므로 말은 그 말이 가리키는 사물이나 사건에 일치해야만 한다는 것이 말에 대한 성서와 유대인의 생각이다.

## • 빈말, 속이는 말, 사기 •

말만 있고 말에 상응하는 사물이나 사건이 없다? 이것을 우리는 '빈말'이라고 한다. 빈말이 지나치면 '속이는 말'이 되고, 속이는 말이 도를 넘으면 '사기'가 된다. 그렇게 되었을 때 말은 말이 아니라 흉기가 되고 만다. 그래서 비트겐슈타 인Ludwig Josef Wittgenstein은 말의 생명은 사용에 있다고 갈파했 다. "사랑합니다"라는 말만 있고 그 말에 일치하는 사랑의 행 동이 없으면 "사랑합니다"라는 말은 빈말 내지는 속이는 말 이 되고 만다.

'말하기'로부터의 **산책 3**

## 침묵

### • 침묵은 말의 여백이다 •

우리가 대화할 때 오가는 말 사이에 침묵이라는 여백이 존 재한다. 이러한 침묵의 여백을 우리가 인식하지 못할 때 서 로의 말에 귀 기울이지 못하게 된다. 그렇게 되었을 때 언어 는 의미를 상실한 빈껍데기가 되어 권태와 싫증을 유발하게 된다.

그러므로 우리는 누군가와 대화할 때 쌍방의 말 사이에 침 묵의 지평이 존재하고 있다는 사실을 의식해야 한다. 침묵이 언어의 근원이고 여백이며 언어의 깊은 차원이기 때문에 상호간 대화 사이사이에 존재하는 침묵에 귀 기울일 때 우리는 말을 통해 우리 자신을 상대방에게 전달할 수 있으며, 상대방의 존재를 우리 자신 속으로 받아들일 수 있다.

### • 침묵은 언어의 어두운 면이다 •

말이 언어의 밝은 면이라면 침묵은 언어의 어두운 면이다. 그러나 밝다고 다 좋은 것이 아니고 어둡다고 다 나쁜 것도 아니다. 한여름 무더운 날은 음지(어두움)가 필요하고, 한겨울 혹한의 날은 양지(밝음)가 필요하다. 낮의 밝음은 행위를 위해 있고 밤의 어두움은 쉼을 위해 있다. 낮이 어두우면 행위함에 제약이 따르고, 밤이 밝으면 쉼을 얻지 못한다. 그러므로 밝음과 어두움, 양지와 음지의 가치가 단순한 도덕적 흑백론으로 호도되어서는 아니된다.

우리는 진실을 위하여 말해야만 한다. 그렇지만 비트겐슈타인의 주장처럼 불확실하여 말할 수 없는 것에 대해서는 침묵해야만 한다. 비트겐슈타인은 자신의 저서 『논리철학 논고 Tractatus logicophilosophicus』(1921)에서 말한다. "말할 수 없는 것에 대하여 침묵하라!" 모두가 침묵할 때는 말하는 것이 용기지만, 모두가 말할 때는 침묵하는 것이 겸양이다.

## • 침묵을 직시하라! •

그러므로 그대들이여, 이 세상에 난무하는 소음들에 마음을 빼앗기지 말지어다. 그 소음들은 마치 고요한 침묵의 성전을 날아다니는 똥파리의 날개 소리 같은 것이니…… 그러므로 침묵을 직시하고, 갓난아이가 엄마의 젖을 사랑하듯 침묵을 사랑하라! 그리하면 그대들은 자기 자신을 잃어버리지 않을 것이다. 그리고 그대들의 언어 또한 빈궁해지지 않으리라!

# 6

# 듣기

## • 듣는 것의 중요성 •

어릴 적에 나의 할머니는 듣는 것과 관련하여 나에게 다음과 같이 말씀하시곤 했다.

동영아, 사람의 얼굴에 입이 한 개인데 귀가 두 개인 까닭이 뭔지 아니? 그건 말하는 것보다 두 배로 들으라는 뜻이란다.

살아가면서 적게 말하고 많이 들으라는 것이 내 할머니의 가르침이었다. 타인의 말과 주변의 소리를 잘 들으려면 자기가 말하는 것을 줄이고 침묵 가운데 타인의 말과 소리에 귀를 기울여야만 한다. 서른이라는 나이에 세상을 떠난 시인 기형도奇亨度. 1960~1989의 시 중 귀 기울여 듣는 것의 중요성을 아름답게 묘파한 「소리의 뼈」가 있다. 학생들은 한 학기 내내 고집스럽게 침묵으로 일관하는 교수의 수업에 참석하여 끈질기게 그의 말을 듣고자 하였다. 교수의 수업은 자신의 침묵 속에서 학생들에게 상대방 말에 귀 기울이는 자세를 가르쳤던 것이다. 그래서 수업이 끝난 후 학생들은 모든 소리를 더 잘 듣게 되었다.

### • 성인, 잘 듣는 사람! •

듣는 것과 관련하여 우리의 주목을 끄는 흥미로운 단어가 있는데, 그것은 성인聖人이라는 말이다. 우리가 聖人(성인)의 聖(성) 자를 관찰해보면 이 글자가 귀 耳(이) 변에 드러날 呈(정) 자로 구성되어 있음을 발견하게 된다. 이러한 사실은 성인이란 우리의 몸 가운데 귀, 곧 청각의 드러남과 관련되었다는 사실을 암시해준다. 성인이 귀와 관련되어 있다는 사실은 무엇을 의미하는가? 그것은 결국 성인이란 '잘 듣는 사람'이라는 뜻이다. 성인은 말하는 것보다 듣는 것을 좋아하는 사람이다. 남의 말에 귀 기울여 경청하기를 원치 않는 사람, 국민의 말에 귀 기울이기를 원치 않는 정치가, 주변의 말을 경청하지 않는 개인은 완고하고 아집으로 가득 찬 사람일 뿐, 결코 지혜로운 사람일 수 없다. 그러므로 성인이란 귀의 사람,

곧 듣는 능력이 탁월한 사람을 의미한다.

선생님이 학생들의 의견을 경청하고 그들의 훌륭한 견해를 통찰하고 그것을 높이 평가하며 그들의 소질과 역량을 잘 계발시켜주고자 애쓴다면, 그런 선생님은 학생들에게 존경을 받을 것이다. 그러나 아무리 말을 해도 도무지 대화가 되지 않고, 말을 하면 할수록 그 말이 담벼락에 부닥쳐 튕겨 나오는 듯하면 우리는 그런 사람을 결코 존경할 수 없다. 소통되지 않는 답답함과 함께 그와 더 이상 대화하고 싶지 않게 된다. 그러므로 학생의 말을 잘 경청할 수 있는 선생님, 부하 직원의 말을 잘 경청할 수 있는 사장님, 자녀의 말을 잘 경청할 수 있는 부모님이야말로 실로 성인이 아닐 수 없다. 성인은 입의 사람, 즉 말을 많이 하는 사람이 아니라 귀의 사람, 즉 잘 듣는 사람이다.

### • 들음은 지혜의 근본이다 •

철학자 김용옥은 갑골문을 따라 聖이라는 글자를 다음과 같이 분석한다.[*] 聖(성)이라는 글자는 귀 耳(이) 변 옆에 입 口(구) 자가 붙어 있다. 口를 갑골문에서 찾아보면, 입은 우리의

---

[*]　　金容沃, 『檮杌世說』, 통나무, 1990, 40~41.

얼굴에 붙어 있는 입이 아니라, 고대 중국의 하夏, 은殷, 주周 시대에 제사를 지낼 때 사용하던 제기를 나타내는 상형문자다. 귀와 제기 그리고 제기 밑에 그려져 있는 임금 王(왕) 자는 사람이 제기 앞에 몸을 조아리고 서 있는 모습에 대한 상형이다. 그래서 드러날 呈(정) 자는 제사를 지내는 인간에게 드러난 신의 모습을 의미한다. 제사를 지내는 인간에게 드러난 신의 모습! 이것을 표현하는 신학 내지는 종교철학의 전문용어가 '계시revelatio''라는 말이다. 그래서 고대 중국에서 성인이란 신의 계시를 듣는 사람을 의미했다.

### • 제발 경청 좀 하자! •

성인은 고대 사회에서 신과 인간의 소리를 중재하는 능력을 소유한 자, 곧 사제(성직자)를 의미했으며, 경우에 따라서

---

*    한자어 '계시(啓示)'라는 말은 열 啓(계) 자와 보일 示(시) 자로 이루어진 단어로서 '열어서 드러내 보인다'는 뜻이다. 고전 그리스어에서 계시에 해당하는 말 '아포칼립시스(ἀποκάλυψις)'나 라틴어에서 계시에 해당하는 말 '레벨라치오(revelatio)' 또한 '사물에 덮여 있는 베일 또는 덮개를 벗기다'는 뜻이다. 그러므로 신학이나 종교철학에서 계시라는 용어는 신이 자신의 감춘 뜻을 열어서 드러내 보인다는 의미로 사용된다(이동영, 『신학 레시피』, 새물결플러스, 2020, 222). 그리스도교 전통에서는 유한한 인간이 무한한 신을 알려면 신이 자신을 계시해야 한다("Indien wij God kennen zullen, moet Hij zich openbaren." 헤르만 바빙크 지음, 박태현 옮김, 『개혁교의학 I』, 부흥과개혁사, 2011, 397).

는 신의 계시를 잘 경청하여 인간 세상을 지배하는 정치 권력
자를 의미했다.[*] 결국 사제든 정치가든 그들의 첫 번째 덕목
은 잘 듣는 것이다. 하늘의 소리와 땅의 소리를 잘 듣지 못하
는 자가 어떻게 훌륭한 성직자일 수 있겠으며, 존경받는 정치
가일 수 있겠는가? 그래서 홍순관[**] 형兄은 청소년들에게 다음
과 같이 말한다.

종교가 진리에 귀를 닫고, 정치가 백성의 소리에 귀를 틀어
막고, 강대국이 약소국의 한숨에 귀를 막는다면, 이 세상은 종
말을 향에 치닫게 될 거야. 또한 인간의 어리석은 문명을 향해
자연의 탄식하는 소리도 들어야겠지. 준엄한 역사가 들려주는

[*]　참조. 金容沃, 『槒杌世說』, 41.
[**]　홍순관(1962~) 형은 우리 시대의 가수이며 조각가이며 서예가이며 시인
이다. 그는 미술과 음악과 서예의 영역을 자유롭게 넘나들면서 사람과 역사와 자
연을 잇는 작업을 해오고 있다. 지구촌이 맞닥뜨리고 있는 다양하고 예민한 문
제들을 자신만의 독특하고 따뜻한 시각으로 풀어내며 공연해오고 있다. 형은 전
세계를 돌며 정신대 관련 공연과 생명, 평화, 통일 등을 주제로 하는 초청공연을
해오고 있다. 특히 2005년 뉴욕 링컨센터의 '엘리스 툴리 홀(Alice Tully Hall)'
공연을 계기로 우리 가락과 정신을 세계에 알리고 있다. 2005년부터 우리 땅
에 평화박물관을 짓기 위해 세계 각지에서 평화박물관 건립모금공연 '춤추는 평
화-Dancing with Peace'를 계속 이어오고 있다. 그동안 10장의 음반을 발표
했다. 그리고 2008년부터는 지구온난화를 막기 위한 환경 공연 '착한 노래 만들
기'를 기획 진행하고 있다(참조. 홍순관, 『춤추는 평화』, 탐, 2014).

소리에 귀를 기울이고, 예시豫示의 지혜와 묵시默示의 충고에 겸
허한 자세로 귀를 기울여야 할 거야.*

그런데 요즘 성직자나 정치가 중에는 들으려고 하지 않고
자기 말만 하려는 자들이 너무나 많다. 이래 가지고서야 성인
은 고사하고 범인도 되기 힘들다. 잘 듣고 경청하는 것은 모
든 덕과 지혜의 기본이다. 경청할 줄 모르는 부모, 선생, 성직
자, 정치가, 사업가……. 그들은 예외 없이 완고하고 꽉 막힌
꼴통이 될 수밖에 없다. 그리고 상대방의 말에 귀 기울이지
않고 자신의 말만 하는 자들은, 그들이 절박할 때 그 누구도
그들의 말을 들으려 하지 않을 것이다. 그래서 구약성서「잠
언」은 다음과 같이 말한다. "가난한 사람의 부르짖는 소리
에 귀를 막으면, 자기가 부르짖을 때에 아무도 대답하지 않는
다."(「잠언」 21장 13절) 자연의 소리에도 귀 기울여보라! 아는
가? 개미가 지나가는 소리, 별이 반짝이는 소리, 나무가 자라
고 꽃이 피는 소리가 들릴지?** 거듭 강조하거니와 잘 듣는 사
람이 성인이다. 우리 시대에 성인들이 많으면 좋겠다.

---

\*     홍순관, 『춤추는 평화』, 192.

\*\*    참조. 홍순관, 『춤추는 평화』, 190.

# 7

# 만지기

## • 촉각, 가장 원초적인 감각 •

인간이 세상에 처음 태어나서 눈과 귀가 열리지 않은 갓난아이일 적에 자신의 엄마를 인지할 수 있는 까닭은 아기가 자신을 만지는 엄마의 손길을 촉각으로 느끼기 때문이다. 그러기에 인간에게 촉각이야말로 가장 원초적이고 근본적이며 강렬한 감각이 아닐 수 없다. 인간은 몸을 가진 존재이기에 만지지 않고 단지 보고 듣는 것만으로는 인식의 관념화를 피할 수 없다. 우리말에서 '의미'를 뜻하는 독일어 '진Sinn'과 영어 '센스sense'가 '이성'과 관계되어 있지 않고 '촉각' 내지는 '감각'을 의미하는 라틴어 단어 센수스sensus로부터 왔다는 것은 결코 우연이 아니다. 인간은 보고 듣는 것만으로 대상을 구체적으로 파악할 수 없다. 인간이 특정 대상을 구체적으로 파악하기 위해서는 만져보아야만 한다. 인간은 여러 가지 방식으로 만진다. 쓰다듬는 것, 붙잡는 것, 두드리는 것, 껴안는 것 등이 모두 만짐의 다양한 방식들이다.

## • 유령은 감각이 없다 •

만지는 것이 왜 우리에게 중요하냐고? 그 이유는 우리가 몸 없이 단지 생각만 있는 유령들이 아니기 때문이다. 그러므로 촉각이 배제된 인식은 많은 경우 몸을 배제한 인식이며, 그러한 인식은 관념과 사변의 인식, 곧 유령의 인식일 뿐이다. 이러한 촉각을 배제한 인식은 경우에 따라 우리를 의혹과 의심의 구렁텅이로 몰아넣는다. 성서에 보면 예수의 제자 도마가 이에 해당한다. 도마는 다른 제자들로부터 예수의 부활 소식을 전해 들었지만, 예수의 몸을 자신의 손으로 직접 만져 보기 전에는 부활을 믿을 수 없다고 말했다.

다른 제자들이 그에게 "우리는 주님을 보았소"라고 말하였으나, 도마는 그들에게 "나는 내 눈으로 그의 손에 있는 못 자국을 보고, 내 손가락을 그 못 자국에 넣어보고, 또 내 손을 그의 옆구리에 넣어보지 않고서는 믿지 못하겠소"라고 말하였다. (「요한복음」 20장 25절)

얼마 후 그는 자신의 손으로 부활한 예수의 몸을 만져보고 나서야 비로소 부활에 대한 자신의 의심을 걷어낼 수 있었다.

나의 촉각은 내 몸이 쓰러질 때 내 몸과 함께 명운을 다할 것이다. 하지만 몸이 수명을 다하는 순간 사랑하는 이를 마지막으로 떠올릴 때도 단지 관념적인 기억이 아니라 그를 쓰다듬고 포옹하고 붙잡았던 그 촉각과 함께 기억할 것이다. 연인 사이에서도 만지는 행위는 중요하다. 만지는 행위를 탐욕으로 예의 없이 행하느냐 아니면 조심스럽고 예의 바르게 행하느냐의 여부에 따라서 그것은 음란한 만짐이 될 수도 있고 사랑스러운 스킨십이 될 수도 있다.

### • 영화 〈사랑과 영혼〉의 명장면, 만지는 것이 중요하다! •

1990년 국내에서 개봉해 흥행한 〈사랑과 영혼〉이라는 영화가 있다. 대충의 줄거리는 다음과 같다. 주인공 셈 웨터(페트릭 스웨이지 분)는 미국 월가에서 일하는 금융가 직원이다. 셈은 우연히 금융가에서 같이 일하는 자신의 친구 칼 브루너(토니 골드윈 분)가 마약 거래에 연류되어 돈을 횡령했다는 사실을 알게 된다. 이를 눈치챈 셈의 친구 칼은 살인청부업자를 시켜 셈을 살해한다. 그러고 난 후 칼은 셈의 죽음으로 상심에 빠진 셈의 연인 몰리 젠슨(데미 무어 분)을 위로하는 척하면서 그녀에게 접근해 자신의 연인으로 만들려고 수작한다. 칼에게 죽임을 당한 셈은 하늘나라로 가지 못하고 자신의 연인 몰리를 사악한 친구 칼의 마수로부터 지키기 위해 지상에 머무른다. 결국 연인 몰리를 칼에게서 지키고 하늘나라로 돌아간다. 이 영화에는 관객들의 심금을 울리는 유명한 장면이 하나 나온다. 그것은 셈이 몰리를 포옹하고 몰리를 몸으로 느끼면서 춤을 추는 장면이다. 이미 죽어서 몸이 없는 셈이 어떻게 몰리를 뜨겁게 포옹하고 몰리의 심장소리와 숨소리를 자신의 몸으로 느끼면서 춤을 출 수 있냐고? 그것은 오다 매 브라운(우피 골드버그 분)이라는 뉴욕에서 점집을 하는 사기꾼 점쟁이가 자신의 몸을 셈에게 빌려주었기 때문이다. 몰리를 만져보기를 간절히 원했던 셈은 점쟁이 오다에게 부탁하여 잠시 몸을 빌린다. 그리고 오다의 촉각을 통해 연인 몰리를 몸으로 느낀다. 〈언체인드 멜로디Unchained Melody〉라는 유명한 음악이 배경으로 깔리면서 연출되는 장면은 이 영화의 백미이며 실로 아름다운 장면이다. 나는 인간의 몸과 망자의 영혼이 결합한다는 영육이원론적 접신사상에 동의하지 않는다. 그리고 나 외에도 이러한 접신사상에 동의하지 않는 관객들이 있었을 것이다. 그런데도 이 장면이 당시 영화를 관람한 대부분 관객에서 그도록 큰 감동을 준 이유는 무엇이었을까? 그것은 영혼이 되어서조차 연인 몰리를 지키고자 한 셈의 마음, 그리고 그토록 사랑하는 몰리를 손으로 만지고 몸으로 느끼고 싶어 하는 셈의 그 간절한 마음이 영상을 통해 절절히 전달되었기 때문이리라. 몸이 없어서 타인의 몸을 빌려서라도 연인을 만지고, 느끼고자 한 셈의 마음은 많은 관객에게 만지는 것이 얼마나 소중한 행위인지를 가슴 시리도록 아름답게 묘사한 문학적 수사였던 것이다. 그러기에 그 장면은 그러한 세계관을 인정하지 않는 사람에게도 감동을 유발시키지 않을 수 없었다.

### • 만진다는 것, 찰나 속에 허락된 은총! •

사랑하는 이를 만질 수 있는 순간은 유한한 시간을 살아가는 인간으로서는 잠시 잠깐의 순간에만 허락된 은총이라는 사실을 우리 모두 잊지 않도록 하자! 그러기에 함부로 만져서는 안 될 것이며 조심스럽고 소중하게 사랑의 마음으로 만져야만 할 것이다.

# 8

# 웃기

## • 오직 인간만이 웃는다! •

웃는다는 것은 인간만의 특징이다. 인간 외에 다른 어떤 동물도 웃지 않기 때문이다. 움베르토 에코Umberto Eco, 1931~2016의 소설 『장미의 이름The name of the Rose』을 보면 혁신의 정신으로 충만한 한 수도사가 주인공으로 등장한다. 그의 이름은 윌리엄William of Baskerville이다. 중세를 배경으로 전개되는 이 소설의 스토리는 베네딕트 수도원 계열에 속한 멜크 수도원 Stift Melk에서 발생한 의문의 연쇄살인사건과 함께 시작된다. 이 소설에서 윌리엄 수도사는 수도원에서 발생한 연쇄살인사건을 수사하기 위해 프란체스코 수도원에서 파견된 인물이다. 소설에서 윌리엄 수도사가 멜크 수도원의 수도사들과 식사하는 장면이 나온다. 수도원장과 수도사들이 함께 식사하는 자리에서 윌리엄 수도사는 시종일관 유쾌한 농담을 해 함께 식사하는 여러 수도사에게 웃음을 선사한다. 이것을 못마땅하게 여긴 호르헤Jorge of Burgos라는 매우 보수적이고 엄격한 신학 사상을 가진 늙은 수도사가 윌리엄 수도사에게 차갑고 냉랭하게 말한다. 식사 자리에서 농담이나 지껄이고 웃는 것은 천박한 자들의 도덕이라고! 윌리엄 수도사는 호르헤 수도사를 찬찬히 바라보면서 원숭이는 웃지 않지만 사람은 웃을 수 있으며, 무엇보다도 예수님은 유머와 위트가 넘치는 분이셨다고 대꾸한다. 그렇다! 웃을 수 있다는 것은 동물과 구별되는 인간만의 특징이다.

## • 웃음이라고 다 같은 웃음이 아니다 •

웃음을 통해서 사람은 매우 다양한 감정을 표현한다. 웃음은 존경과 사랑과 감사와 기쁨을 표현하기도 하지만, 경멸과 미움과 불만과 슬픔을 표현하기도 한다. 어린아이와 같은 천진난만하고 맑은 웃음이 있는가 하면, 어두운 마음에서 나오는 음흉한 웃음도 있다. 사람은 감동을 받아도 웃지만 어이없을 때도 웃는다. 고대 유대인의 문헌인 『집회서』에 다음과 같은 말이 나온다.

어리석은 자는 웃을 때 큰 소리를 내지만 영리한 사람은 조용히 웃음을 짓는다. (『집회서』 21장 20절)

미련한 자들의 (······) 웃음소리는 방탕한 죄악에서 나온다. (『집회서』 27장 13절)

무슨 말인가? 웃음이라도 다 같은 웃음이 아니라는 말이다. 웃음에는 좋은 웃음이 있고, 나쁜 웃음이 있다는 이야기다. 좋은 웃음은 사랑과 존경과 감사와 기쁨의 표시다. 웃음은 언어로는 표현 안 되는 인간의 깊은 내면을 드러내 보여준다. 그러기에 웃음은 신비롭기까지 하다. 웃음이 얼마나 신비로운 것이었으면 유대인들은 신神을 웃음의 존재로까지 묘사했겠는가? 성서는 신이 웃는다고 말한다.(「사편」 2편 4절: "하늘에 계신 이가 웃으심이여 주께서 그들을 비웃으시리로다.") 이 세상의 비루함 때문에 웃고, 이 세상에 대한 그의 자비와 사랑으로 인하여 웃는다고 한다. 신이 웃는다? 무슨 뜻일까? 그것은 우리가 아름다운 웃음, 넉넉한 웃음, 유머러스한 웃음, 존경과 사랑과 기쁨의 웃음을 웃을 때야말로 신을 닮아 있다는 말이 아닐까? 동물은 웃지 않는다. 오직 인간만이 웃는다. 그래서 움베르토 에코는 자신이 창작한 인물인 윌리엄 수도사의 입을 통해 오직 웃을 수 있는 인간만이 '신의 형상imago Dei'이라고 설파했던 것이리라.

## • 웃자! •

일상을 살면서 사랑과 존경과 감사와 기쁨과 유머와 위트의 웃음을 웃어보도록 하자! 어이없는 일에는 어이없는 웃음을 웃자! 우스운 일에는 우습다고 웃자! 음흉한 웃음에 대항하여 진실되고 정직한 웃음을 웃자! 비웃음에는 존경의 웃음으로 응대해주자! 혹시 아는가? 이러한 웃음이 이 세상에 희망을 창조해낼지?

# 9

# 울기

## • 눈물의 신비 •

눈물은 우리 인생이 겪는 기쁨과 슬픔을 상징한다. 슬픔과 기쁨이라는 상반되는 감정이 눈물이라는 동일한 현상으로 나타난다는 것은 실로 흥미롭고, 신비하며, 패러독스paradox한 일이 아닐 수 없다. 이것은, 인간이 성적 오르가즘 같은 극렬한 쾌락의 순간에 짓는 표정과 출산과 같은 극심한 고통의 순간에 짓는 표정이 동일하다는 골트문트Goldmund*의 통찰과도 일치한다. 결국 눈물이란 기쁨과 슬픔을 막론하고 인간이 받은 정신적 자극과 충격에 의해 유발되는 몸의 현상이다. 인간

---

\* 골트문트는 헤르만 헤세(Hermann Hesse, 1877~1962)의 소설 『나르치스와 골트문트(Narziß und Goldmund)』(1930)에 등장하는 주인공의 이름이다.

이 받은 정신적 자극 내지는 그것이 수반하는 심리적 상태와 눈물이 밀접한 관계가 있다 보니 그것은 언제나 시와 문학과 예술의 중요한 주제가 되어왔다.

## • 눈물, 슬픔의 상징 •

인간은 매우 슬프거나 매우 기쁠 때 눈물을 흘린다. 그런데 시문학에서 눈물이 기쁨의 상징이라기보다 슬픔의 상징이 된 까닭은 무슨 이유일까? 그것은 우리 인생에 기쁨보다는 슬픔이 많기 때문이리라. 일반적으로 어른보다 어린이들이 그리고 남성보다 여성이 눈물이 더 많다. 그 까닭은 어른이나 남성이 어린이나 여성보다 슬픈 일이 적어서가 아니다. 감수성, 감정이입, 공감 능력이 어른이나 남성보다는 어린이와 여성이 더 크고 민감하기 때문일 것이다.

## • 처절한 슬픔에는 눈물조차 없다 •

우리의 슬픔과 고통이 눈물로 표현될 수 있는 상황은 그래도 괜찮은 경우가 아닌가 한다. 사람이 정말로 깊은 슬픔과 절망을 겪으면 눈물을 흘릴 감수성조차 메말라버린다. 깊고 치명적인 슬픔에는 눈물조차 없다. 슬픔이 눈물로 표현될 때는 주변의 공감과 위로가 있을 수 있지만, 눈물을 수반하지 않는 처절하고 치명적인 슬픔은 마음속에 은폐되어 밖으로 드러나지 않는다. 이러한 슬픔이야말로 인간을 절망으로 몰아넣는 슬픔이다. 절망적인 슬픔을 간직한 자는 마음속으로 운다. 이러한 마음속의 눈물은 절망 속에서 죽음의 병을 앓는 자의 눈물이다. 인간이 신이 아닌 다음에야 어떻게 이런 절망적인 눈물을 흘리는 자를 위로해줄 수 있겠는가?

## • 슬퍼하는 자는 복이 있도다! •

슬퍼하는 자는 복이 있나니
슬퍼하는 자는 복이 있나니
슬퍼하는 자는 복이 있나니
슬퍼하는 자는 복이 있나니
슬퍼하는 자는 복이 있나니
슬퍼하는 자는 복이 있나니
슬퍼하는 자는 복이 있나니
슬퍼하는 자는 복이 있나니
저희가 영원히 슬플 것이요.

(윤동주, 「팔복」)

이 시간 소리 내어 울 수조차 없는 깊은 슬픔과 절망을 가슴에 간직하고 살아가는 모든 이들에게 하늘의 위로가 임하기를 두 손 모아 빈다.

# 10

# 먹기

## • 먹는 행위, 인간과 동물이 어떻게 다른가? •

먹는 것은 사람의 건강과 활력과 생명을 유지하는 데 필수적인 행위다. 그래서 사람들은 종종 먹는 것을 몸이라는 유기체를 유지하고 활성화하기 위하여 에너지를 섭취하는 행위 정도로만 생각하는 측면이 있다. 그러나 인간과 동물은 모두 먹음으로써 생명을 유지하지만 이 양자 사이의 먹는 행태에는 차이가 있다. 동물은 허기진 배를 채우기 위해 본능적으로 먹지만, 인간은 인격을 가지고 교양적으로 먹는다. 우리 일상의 행위 중에 먹는 것만큼 우리의 생명과 직접적으로 관계된 행위는 없다. 지위고하와 남녀노소를 불문하고 먹어야만 생명을 유지할 수 있기 때문이다.

## • 먹는 것은 공동체적인 행위다 •

우리는 갓 태어나 처음으로 먹었을 때 결코 혼자서 먹지 않았다. 우리가 갓난아기로서 처음 어머니의 젖을 먹었을 때, 어머니는 우리와 함께 계셨다.* 요즘은 삶의 양식이 너무 개인주의화되고, 일인 가구도 늘다 보니 혼자 밥을 먹는 사람을 주변에서 더러 본다. 그래서 '혼밥'이라는 신조어까지 생겨났을 정도다. 그러나 누군가가 혼밥을 할 경우 그 사람은 참 외로운 사람이라는 대중이 공유하는 일반적 정서가 있다. 인간은 태어나서부터 처음 먹을 때도, 결코 혼자 먹은 적이 없기에, 사람들은 혼자 밥을 먹을 때 유독 외로움을 느끼는 것이 아닐까?** 혼자 먹을 때는 먹는다기보다는 음식을 입속으로 그냥 쑤셔 넣는 경우가 많다. 그러므로 동서고금을 막론하고 식사는 언제나 함께 먹는 공동체의 행위로 간주되고 시행되었다. 함께 밥상을 차려놓고 먹는다는 것은 단지 허기진 배를 채우는 행위가 아니라 마음을 함께 나누는 일이며, 나아가서는 생명을 함께 나누는 일이다.

---

\*      강영안, 『일상의 철학』, 세창출판사, 2018, 145.

\*\*     강영안, 『일상의 철학』, 146.

# • 마르크스와 프로이트 중 누가 더 큰 사상가인가? •

인간의 기본 욕구 중에 생명과 직접적으로 관계된 것은 '식욕'과 '성욕'이다. 서구 사상사에서도 이 양자의 문제는 대단히 중요한 사상적 담론이었다. 먹는 문제에 대한 격렬한 사상적 담론을 제시한 인물은 칼 마르크스였고, 성의 문제에 대한 치열한 사상적 담론을 제시한 인물은 지그문트 프로이트였다. 이 두 사람이 모두 큰 사상가지만, 양자 중 굳이 누가 더 크냐고 따져 묻는다면, 내 생각으로는 마르크스가 아닌가 한다. 인간은 성행위를 하지 않아도 살 수 있지만, 먹는 것을 끊으면 그 생명을 보존할 수 없기 때문이다. "나는 생각한다. 그러므로 나는 존재한다Cogio, ergo sum"라는 데카르트의 말보다 "나는 먹는다. 그러므로 나는 존재한다Edo, ergo sum"라는 말이 훨씬 더 명백한 말이다.* 쉽게 말하면 밑구멍의 문제는 욕구의 문제지만, 윗구멍의 문제는 생사가 걸린 문제다. 그러기에 '성의 사상가' 프로이트보다 '밥의 사상가' 마르크스가 더 큰 사상가일 수밖에 없다.

---

* 　참조. 강영안, 『일상의 철학』, 144.

## • 식사, 성스러운 행위 •

먹는다는 것은 우리의 생명과 밀접하고 직접적으로 관계된 행위다. 그래서 먹는 행위는 단지 행위가 아니라, 성스럽고 거룩한 행위다. 인간이라는 생명이 자신의 생명 됨을 유지하려면 외부로부터 생명을 취해야만 한다. 우리의 생명 자체가 외부의 생명에 의존하고 있다. 왜냐하면 인간은 식물들처럼 광합성 같은 것을 하여 생명을 유지하는 데 필요한 양식(양분)을 자체적으로 생산할 수 없기 때문이다. 그러므로 인간은 외부로부터 생명을 취하여 그것을 먹음으로써 우주 생명, 곧 전체 생명에 자신의 생명을 의존한다. 그러므로 자기만 혼자서 잘 먹고 잘 살겠다는 생각은 외부 생명체의 희생에 의존하여 생명을 유지하는 인간이 할 생각이 아니다. 우리는 같이 잘 먹고 잘 살아야만 하는 것이다.

동양과 서양을 막론하고 사람들이 식탁에서 마주하여 함께 먹고 마시는 행위는 그 식탁 공동체에 참석한 모든 성원이 자신들의 생명을 함께 나눈다는 의미가 있었다. 먹는다는 것은 단지 음식물을 먹고, 소화시키고, 배설하는 행위가 아니라 생명과 삶을 나누는 행위다. 그러기에 함께 식사한다는 것은 교제 중 가장 친밀한 교제이며, 상호 간의 지극한 일치와 사랑과 신뢰를 상징하는 행위였다. 사람들은 자신의 생명 유지를 위한 필수 행위로서 음식을 서로 나누어 먹음으로써 함께 만나고, 서로 간에 친교와 삶을 나누고, 서로를 신뢰하며 자신들의 인생을 풍요롭게 만든다.

## • 그리스도교 전통에서 식사의 의미 •

먹는 행위가 생명 유지와 직접적으로 관계가 있다 보니 고래古來로부터 먹고 마시는 행위는 종교적 제의의 중요한 요소였다. 그리스도교의 전통에서 먹고 마시는 전례典禮. liturgia는 예수 자신으로부터 유래한 성만찬Abendmahl이라고 불리는 예식이다. 성만찬에서 식사, 곧 빵과 포도주를 나누어 먹고 마시는 행위는 인류와 이 세상을 위해서 십자가에서 고난 가운데 죽어간 예수의 살과 피를 나누어 먹고 마시는 행위이며, 그렇게 함으로써 예수와 연합하는 신비로운 행위로 간주되었다. 그러기에 그리스도교는 이러한 먹고 마시는 행위를 영원한 생명을 위해 신의 음식과 음료를 나누어 먹고 마시는 '신국의 잔치Fest des Reiches Gottes'로 이해했다.

---

\*　　Simon Holt, *"Eating"*, The Complete Book of Everyday Christianity, Robert Banks & R. Paul Stevens, Downers Grove, Illinois: IVP, 1997, 322~323.

## • 불교 전통에서 식사의 의미 •

불가佛家에서는 밥 먹는 행위를 공양供養이라고 한다. 불가의 전통 속에서도 공양은 대단히 중요한 예식에 속한다. 공양은 단지 허기진 배를 채우는 행위가 아니라 수행을 위한 중요한 예식이다. 밥 먹는 행위가 수행의 일환이기 때문에 그것을 '법공양法供養'이라고도 부른다. 공양, 즉 밥 먹는 행위를 통하여 공양에 참여한 사부대중四部大衆들은 고통 가운데 있는 중생들과 억조창생의 생명들을 생각하며 그들을 구제하는 삶을 살겠다고 다짐하는 것이다. 그래서 승려들은 공양(식사)할 때 가부좌를 틀고 꼿꼿이 앉아 공양 그릇인 '발우鉢盂'그릇을 들어 입 가까이 바싹대고 입이 보이지 않게 먹어야 하며, 대화나 잡담을 해서는 안 되고 씹는 소리도 일절 내서는 안 된다.

## • 식사와 장례식 •

우리가 먹는 것과 관련하여 한 가지 심각한 문제가 있다. 그것은 우리가 먹기 위해서는 외부 생명을 취하여 죽여야만 한다는 것이다. 식물과 동물이 우리의 생명을 위해 희생된다. 그래서 레바논 출신의 문호이자 화가였던 칼릴 지브란은『예언자』에서 자신이 창작해낸 예언자 알무스타파Almustafa의 입을 통해 다음과 같이 말한다.

그대들이 대지의 향기만 마시고 살거나, 나무에 붙어 사는 기생식물처럼 빛으로만 살 수 있다면 좋겠지요. 그러나 그대들은 먹기 위해 죽여야만 하고, 목마름을 채우기 위해서 어린 새끼들을 어미젖으로부터 떼어내어야만 합니다. 그러니 그 모든 행위가 예배가 되게 하십시오. (······) 어떤 짐승이 죽을 때, 그대들은 그에게 마음속으로 이렇게 말하십시오. "너를 죽이는 바로 그 힘으로 나도 죽임을 당하고, 나 역시 너처럼 먹힐 것이다. 왜냐하면 너를 내 손에 넘겨준 그 법칙이 나를 더 힘 있는 손에 넘겨줄 것이기 때문이다. 네 피와 내 피는 하늘나무를 먹이는 수액에 지나지 않는단다. (칼릴 지브란, 『예언자』, 「먹고 마심에 대하여」, 물병자리, 2014, 73~75)

그렇다! 칼릴 지브란의 말처럼 우리는 "목마름을 채우기 위해 어린 송아지를 어미 소의 젖으로부터 떼어내어야만" 하는 존재들이다. 우리는 식물들처럼 광합성을 할 수 없기에 빛으로만 살 수 없다. 우리는 먹기 위해서 동물들과 식물들을 죽여야만 하는 존재들이다. 얼마나 잔혹한 이야기인가? 아! 아! 참으로 가슴이 먹먹하고 기가 막힌 일이 아닐 수 없다. 그러므로 먹는 행위는 우리가 일상에서 행하는 행위 중 가장 숭고하고, 존엄하며, 거룩한 행위라는 사실을 깨달아야만 한다. 흥청망청 먹지 말 것이며, 탐욕으로 먹지 말 것이다. 우리의 생명이 동물과 식물의 생명이 희생되어 유지되는 의존적 생명이라는 사실을 한시라도 잊어서는 안 될 것이다.

철학자 다석多夕 유영모가 식사를 장사葬事에 비유해 말했던 이유가 바로 여기에 있다. 다석의 이야기를 들어보자.

> 우리 입이란 열린 무덤이다. 식물, 동물의 시체가 들어가는 문이다. 식사는 장사다. (『다석어록: 죽음에 생명을, 절망에 희망을』, 홍익재, 1993, 355)

다석은 자신의 한 목숨 연명하자고 하루 세 번 꼬박 다른 생명체의 목숨을 빼앗는 짓을 할 수 없다고 자각했다. 그래서 그는 일일일식一日一食의 삶을 실천하고자 했다. 그런 연유로 그는 저녁 한 끼로 세끼를 충당했으며, 저녁에 많이 먹는다는 의미로 자신의 아호를 다석多夕이라 지었다.

## · 식사와 성사 ·

식사가 장사라면, 우리의 먹고 마시는 행위가 거룩한 성사聖事, Eucharistie가 되도록 해야만 한다. 그것은 곧 우리의 생명을 보존하기 위해 죽임을 당한 동물과 식물들의 희생과 죽음에 부끄럽지 않은 삶을 살아가는 것이리라! 그러므로 의존적 생명체인 우리 모두는 생명에 대한 경외심과 경각심을 가지고 전체 생명의 보존과 보호와 활성화를 위해 헌신하도록 하자!

'먹기'로부터의 **산책 1**

# 요리

### • 요리란? •

요리라는 말은 원래 음식을 만든다는 뜻이지만, 이에 덧붙여서 맛좋은 음식이라는 뜻도 있다. 그래서 우리가 요리를 한다고 했을 때 그 뜻은 통상 맛좋은 음식을 만든다는 의미로 사용된다. 요리라는 것은 그냥 음식이 아니라 맛좋은 음식의 다른 말이다. 그러므로 요리라는 단어는 음식에 대한 가치평가가 들어 있는 말이다.

### • 요리의 가치 •

음식의 가치는 대충 두 가지 정도로 생각해볼 수 있다. 첫째로는 미각적 가치고, 둘째로는 건강적 가치다. 첫째 가치는 우리의 헛바닥에 쾌감을 주는 맛있는 음식의 가치를 말함이고, 둘째 가치는 우리 몸에 이로운 음식의 가치를 말함이다. 전자가 음식에 대한 심리적 쾌락적 요구라면, 후자는 음식에 대한 생물학적 의학적 요구라고 할 수 있다.

음식에 대한 가치가 이렇게 두 가지 차원에서 요약된다고 할지라도, 음식의 가치를 단지 이 두 가지 차원으로만 국한해 이해하는 것은 음식의 가치를 너무 단순화시키는 것이다. 음식은 미각적 가치와 건강적 가치에 의해서 생겨난 것이라기보다 생존의 문제, 즉 기아를 퇴치하기 위한 본능적 욕구에 의해서 생겨난 것이기 때문이다. 밑창이 찢어지도록 가난한 시절에 음식이라는 것은 굶주린 배를 채우기 위한 생존의 양식이었을 뿐이다. 그러므로 음식에 대해 미각적 가치나 건강적 가치를 운운하는 것은 가난과 기아와 굶주림으로 인한 공복감이 얼마나 심각하고 비참한 것인지를 모르는 자의 철딱서니 없는 이야기일 수도 있다. 인간이 자신의 생존 문제, 즉 기아의 문제에서 벗어날 수 있어야 음식에 대한 가치의 차원이 형성될 수 있다.

### • 맛있는 음식을 만들기 위한 조건 •

우리가 요리라는 말과 함께 뇌리에 맛있는 음식의 이미지를 떠올리는 것은 음식에 대한 미각적 가치가 음식의 가치를 대표하고 있다는 것을 의미한다. 그렇다면 음식에 대한 건강적 가치는 부차적이란 말인가? 건강적 가치가 무시되더라도 맛있는 음식이면 우리에게 만사 오케이인가? 그렇지는 않다. 우리가 통상 요리를 맛있는 음식의 대명사로 사용할 경우 이 맛있는 음식이라는 의미 속에는 건강적 가치도 포함되어 있다고 보아야 한다.

맛있는 요리를 만들고자 하는 노력은 가정주부들이나 전문 요리사들에게나 공통적인 욕구일 것이다. 주부가 자신이 만든 요리의 맛이 좋아 식구들이 맛있게 먹는 것을 볼 때만큼 보람된 경우가 어디 있겠는가? 음식점의 전문 요리사 경우 맛있는 음식을 만든다는 것은 그 음식점의 운명이 걸린 실로 중차대한 문제가 아니겠는가? 그렇다면 맛있는 음식은 어떻게 만들어질 수 있을까? 기본적으로 두 가지 조건이 만족되어야 한다. 첫째는 요리의 재료가 훌륭해야 한다. 둘째는 재료를 요리하는 방법이 뛰어나야 한다. 아무리 재료가 훌륭해도 요리의 방법이 잘못되면 맛있는 음식을 만들 수 없다. 반대로 요리의 방법이 아무리 훌륭해도 재료가 후졌으면 맛있는 음식을 만들 수 없다.

## • 음식의 맛을 규정하는 상황적 변수 •

좋은 재료와 훌륭한 방법은 맛있는 요리를 만들 수 있는 선결조건이다. 그러나 이러한 선결조건은 이론상 그런 것이지 실제로 반드시 그렇다고 볼 수는 없다. 우리는 좋지 않은 재료와 나쁜 방법으로 만들어진 맛있는 음식을 먹어본 경험이 있으며, 반대로 좋은 재료와 훌륭한 방법으로 만들어진 맛없는 음식을 먹어본 경험도 있다. 음식을 먹는 타이밍도 맛에 일조한다. 우리가 허기졌을 때 먹으면 나쁜 재료와 엉터리 방법으로 요리된 음식이라 할지라도 매우 맛있는 음식이 된다. 배가 불렀을 때는 아무리 산해진미를 차려주어도 맛없는 음식이 될 수밖에 없다. 그러므로 음식의 맛이란 객관적으로나 공식적으로 규정되어 있는 것이 아니다. 아무리 뛰어난 요리사가 만든 음식이라도 먹는 사람의 입맛과 타이밍과 상황 등이 결합되어 주관적인 음식 맛의 유무가 판단된다. 이것이야말로 음식의 맛을 규정함에 있어 간과할 수 없는 상황적 변수가 아닌가 한다.

요리와 관련하여 많은 사람이 저지르는 오류 가운데 하나는 음식을 먹을 대상보다 맛좋은 음식을 만드는 일에만 골몰한다는 것이다. 누가 먹을 것인가가 결정되지 않은 상태에서 맛좋은 음식을 만들고자 하는 노력은 무의미한 경우가 많다.

식당 음식이 그런 경우다. 대부분의 식당 음식이 집밥보다 못한 이유가 여기에 있다. 한두 번은 요리사가 만들어주는 식당 음식이 집 음식보다 맛있을 수는 있다. 그러나 음식을 빈번하게 먹는 경우라면 전문 요리사가 해주는 음식보다 서툴더라도 집에서 해주는 음식이 훨씬 더 입맛에 잘 맞지 않는가? 요리사의 요리는 먹을 사람이 불특정 다수이나, 집에서 만든 요리는 먹을 사람이 명백히 정해져 있다. 그러므로 맛있는 요리를 만드는 비결은 음식을 만드는 방법부터가 아니라, 누가 먹을 음식인가를 확정하는 것부터 시작해야 한다.

### • 요리는 단순히 음식을 만드는 기술이 아니다 •

동일한 재료와 동일한 방법으로 만든 음식이라도 만드는 사람에 따라 맛이 달라지고는 한다. 왜일까? 그것은 요리할 때 그 음식 속에 요리하는 사람의 정성과 성품이 반영되기 때문이다. 진실되지 못한 사람의 요리는 맛에도 진실되지 못한 기운이 들어갈 것이요, 성실하고 정직한 사람의 요리는 그 음식의 맛에도 성실과 정직이 반영될 것이다. 식당 밥을 먹으면 아무리 많이 먹어도 허기가 지는데, 어머니가 만든 밥을 먹으면 반 공기만 먹어도 든든하지 않은가? 단지 먹는 사람의 심리 상태가 아니라 음식 속에는 마음과 정성이 배어 들어간다는 것을 뜻하는 말이리라.

요리는 단순히 음식을 만드는 기술이 아니다. 요리 속에는 요리하는 사람의 성품과 정성이 담겨 있으며, 그 음식을 먹는 사람에 대한 애정이 스며들어 있다. 먹는 사람에 대한 깊은 애정이야말로 요리를 만드는 사람의 요리기술이 다소 부족하고 서툴더라도 분명히 훌륭한 요리가 되게 하는 결정적 요인이다. 이러한 음식을 날마다 먹는다는 것은 아무나 누릴 수 있는 축복이 아니다. 옛 어른들이 인간이 누리는 복 중 식복이야말로 최상의 복 가운데 하나라고 말한 이유가 바로 여기에 있다.

'먹기'로부터의 **산책 2**

# 잔

잔은 물이나 음료를 받아 마시는 도구다. 어느 집이든 주방에 가면 크고 작은 잔들을 발견하게 된다. 나의 집 주방에도 여러 가지 용도의 크고 작은 잔들이 진열되어 있다.

내가 가진 잔들 중에 특별한 의미를 지닌 잔이 하나 있다. 그것은 오래전 내가 유럽 유학 시절에 커피를 부어 마시던 잔이다. 이 잔은 나의 긴 유학 여정과 함께 했던 물건인데, 하도 정이 들어 버리지 못하고 귀국할 때 가지고 왔다.

이 잔을 단지 외형적인 모양으로만 볼 것 같으면, 여느 잔과 다름없는 하나의 잔, 아니 좀 더 정확히 말하면 플라스틱으로 만든 보잘것없는 잔에 불과하다. 그런데 이 보잘것없는 잔이 왜 내게 그토록 소중한 의미가 담긴 물건이 되었을까? 그 잔이 외형적으로는 볼품이 없으나, 유럽에서의 나의 삶과 학문의 여정을 구성하는 일부분이었기 때문이다. 이 잔은 나에게 단지 잔이 아니라 잔 이상의 의미를 가지고 있다. 보잘것없는 이 플라스틱 잔과 나 사이에는 말로 다 할 수 없는 친밀한 사귐의 관계가 형성되어 있다. 그러다 보니 나의 유럽 생활 가운데서 겪어야만 했던 애환, 고투, 기쁨과 슬픔, 좌절과 희망의 순간들에 관하여 그 잔은 나에게 말을 건네곤 한다. 나는 이 잔으로 빈Wien과 암스테르담Amsterdam과 보훔Bochum의 커피를 받아 마셨다. 이 잔은 나를 따라다니며 나의 기쁨과 슬픔, 고뇌와 아픔, 좌절과 희망의 순간들을 함께했다.

나는 요즘도 가끔 이 잔으로 커피를 마시곤 하는데, 그럴 때마다 단지 커피만 마시는 것이 아니라, 그 잔과 더불어 오래전 유학 시절의 추억도 함께 들이키는 것 같다. 유럽에서의 그리운 추억들, 나의 벗들과 벽안의 스승들과 내가 거닐었던 거리들 그리고 진리와 진실을 탐구하기 위해 지새워야 했던 그 숱한 불면의 밤들에 대한 상념들이 이 잔과 함께 마치 영화 필름처럼 나의 뇌리를 스치고 지나간다.

이 잔에는 아련하고 애잔한 추억들이 고스란히 담겨 있다. 그러므로 이 잔은 단지 잔이 아니라 유럽에서의 애환과 눈물과 절망과 희망의 응결체라 하겠다. 오늘 밤은 어차피 잠이 오지 않을 것 같으니, 오래전 유럽에서의 시간들을 추억하며 이 잔에 커피를 받아 한 잔 마셔야겠다.

# 11

# 냄새 맡기

## • 냄새의 의미 •

냄새나 향기를 맡는 행위는 후각과 관련되어 있다. 우리는 냄새를 맡음으로 음식이 신선한지, 공기가 맑은지, 꽃이나 향수의 냄새가 아름다운지의 여부를 판단한다. 또한 냄새나 향기는 인간세의 여러 가지 이미지를 형성시키기도 한다. 냄새나 향기가 사람의 고매한 인품을 은유하는가 하면, 연인의 아름다움에 대한 은유로 사용되기도 하고, 옛 추억을 회상케 하는 매개체가 되기도 하며, 경우에 따라서는 종교적 정화를 상징하기도 한다.

냄새나 향기는 사람의 고매한 인품을 의미하는 경우가 있다. 소탈하고 인간미 있는 사람에게 흔히 "사람 냄새가 난다"라고 말하곤 한다. 연인의 아름다움이 또한 향기에 비유되기

도 한다. 오래전 유행했던 가수 강수지의 노래 〈보라빛 향기〉
에 이런 노랫말이 나온다.

그대 모습은 보라빛처럼 살며시 다가왔지. 예쁜 두 눈에 향
기가 어려 잊을 수가 없었네.

이 노랫말은 연인의 사랑스러운 모습을 묘사하면서 "예쁜
두 눈에 향기가 어려" 있다고 한다. 여기에서 사랑하는 연인
의 눈빛이 향기에 은유되고 있다.

## • 향수 파른하이트의 추억 •

냄새나 향기는 또한 우리에게 지나간 시간을 추억하거나
회상케 하는 매개체가 되기도 한다. 내가 오스트리아 빈에서
공부하던 시절 어느 여름날에 아내가 나에게 향수를 사 준 적
이 있다. 크리스챤디올의 '파른하이트Fahrenheit'라는 제품이
었는데, 시원하면서도 달콤한 향이 은은히 나는 여름 향수였
다. 시간이 많이 지났지만 나는 아직도 그 향수의 내음을 또
렷이 기억한다. 내가 그 향수 냄새를 떠올릴 때마다 그 향내
에 대한 기억과 함께 당시 빈에서의 여름날 추억들이 뭉게구
름처럼 피어오른다.

## • 향기와 정화 •

불꽃 속에서 피어오르는 향기는 종교적인 정화를 상징하기도 한다. 동서양의 종교적 전통에서 사물을 태울 때 불꽃으로부터 피어오르는 연기와 짙은 향기는, 사물이 '부정'으로부터 '정화sanctificatio'되었음을 의미한다. 그리고 연기가 향기를 머금으며 하늘을 향에 피어오를 때, 이러한 장면은 종교적으로 시간의 세계와 영원의 세계가 연결되어 있음을 은유한다.

## • 후각과 아우라 •

사람의 향기, 연인의 향기, 회상의 향기, 정화의 향기 등 이 모든 것들은 냄새, 곧 후각이 가져다주는 다양한 이미지들이다. 우리가 쓰는 말 중에 '아우라aura'라는 말이 있다. 원래 이 말은 사람이나 예술 작품에서 뿜어져 나오는 흉내낼 수 없는 고고한 기운과 분위기를 의미한다. 고전적으로 '아우라'의 개념은 시각과 밀접한 관련이 있다. 그러나 발터 베냐민은 흥미롭게도 아우라를 시각이 아니라 후각에 의해 규정되는 이미지로 정의함으로써 고전적인 아우라의 개념에 변화를 가한다. 물론 베냐민에게도 아우라란 예술 작품의 흉내낼 수 없고 범접할 수 없는 고고한 분위기를 뜻한다. 그런데 골동품을 수집하는 호사스러운 취미를 가지고 있던 그는 아우라의 전형을 고서古書의 종이 썩는 냄새, 즉 서향書香에서 찾았다. 그는 서향을 맡으며 감히 그 누구도 범접할 수 없는 아우라를 느꼈다고 한다. 그래서 베냐민은 시각과 관련되었던 전통적인 아우라의 개념을 후각으로 옮겨놓았던 것이다.

아우라가 후각과 밀접하다는 사실을 보여주는 재미있는 일화를 나의 제자 허동보 군이 2018년 9월 20일 페이스북에 게재한 글에서 발견했다. 그 전문을 인용하면 다음과 같다.

전철에서 예쁜 여자 분이 [내 옆에] 앉았는데, 처음에는 "앗싸!" 했다. 그런데 아, 젠장! 방금 담배 피우고 온 건지 담배 냄새 때문에 코도 아프고 머리도 아파 죽겠다. 예전엔 나도 하루에 세 갑씩 담배를 피워댔으니 많은 사람들에게 이렇게 담배 냄새로 힘들게 했겠구나 싶다.

여기에서 동보 군은 자신의 시각이 형성시켰던 그 여자 분에 대한 아우라가 담배 냄새 때문에 확 깨면서 날아가버린 경험을 토로하고 있다.

## • 몸의 악취와 미팅에서의 왕따 •

나에게도 '아우라'와 관련하여 직접 겪은 재미있는 일화가 있다. 대학 시절에 미팅을 나간 적이 있는데, 미팅 나가기 전 여학생 쪽 주선자에게 전달된 미팅 멤버 사진들 중 내가 가장 인기가 있었다고 한다. 그런데 실제로는 그 미팅에서 나는 완전 왕따가 되고 말았다. 아무도 나와 파트너를 하려 하지 않았던 것이다. 뒤에 들은 바에 따르면 그녀들은 나에게 정말이지 홀딱 깼다고 한다. 그 이유가 무엇이었냐고? 매우 단순한 이유였다. 나는 대학 시절 비누나 샴푸 같은 합성세제들이 자연환경을 오염시킨다는 생각을 했고 그것들의 사용을 지극히 자제하던 때가 있었다. 그래서 세수나 샤워를 할 때 합성세제를 일절 사용하지 않고 오로지 물샤워로만 일관했던 것이다. 미팅하러 나갔던 당시가 그 시절이었는데 물로만 샤워를 하다 보니 몸에서 기름기나 냄새가 재대로 씻겨 나갔을 리가 만무했다. 그러니 몸에 낀 물때로 인하여 나에게 아주 역겨운 악취가 났던 것이다. 그 당시가 늦은 봄, 무더운 여름의 문턱이었으니 내 몸에서 나는 그 악취는 실로 심각한 수준이었을 것이다. 나는 그날 미팅에서 완전히 왕따가 되고 말았다. 나의 사진이 형성시켰던 엄친아의 아우라는 내 몸에서 풍기는 악취로 완전히 날아갔으며, 그녀들은 홀딱 깨고 말았던 것이다. 그때 나는 친구들에게 핀잔을 들었다. 제발 좀 씻고 다니라고…… 이러한 나의 일화 또한 발터 베냐민의 아우라 이론, 즉 아우라는 후각과 관계해서 가장 강력하게 형성된다는 사실을 매우 희극적으로 보여준다.

## • 아우라는 아름다운 향기로부터 온다 •

몸에서 나는 냄새든, 인격에서 나는 냄새든, 연인에게 나는 냄새든, 회상의 냄새든 그 어떤 냄새라고 할지라도 아름답고 향기로운 냄새라야 제대로 된 '아우라'를 형성시킬 수 있다. 그러므로 그대들이 어떤 아우라를 가지느냐는 그대들이 상대방에게 어떤 냄새를 뿜어내느냐에 달려 있다.

'냄새 맡기'로부터의 **산책**

# 차향

동양의 전통에서 차를 마시는 행위는 단지 목마름을 해갈하는 이상의 의미가 있다. 차에서 무럭무럭 피어오르는 김이 대기 가운데 퍼져나가 궤적을 그리며 흐를 때 우리는 그 김의 자취 속에서 시간의 흐름을 눈으로 볼 수 있다.

시간의 모습과 그것의 지나감을 차를 다릴 때 피어오르는 그 김과 그 김이 머금고 있는 차향과 더불어 인지하는 것은 참으로 경이로운 일이 아닐 수 없다. 차향을 머금은 하얀 김이 공간 속에서 자취를 만들 때, 보이지 않는 시간의 흐름이 눈앞에 모습을 드러낸다. 차의 김이 공간 속에서 궤적을 그리며 흩어져 사라질 때, 우리들의 시간도 그렇게 지나갈 것이라는 것을 직감한다. 김의 자취는 시간의 지나감을 눈으로 보게 하지만, 김이 머금고 있는 차향은 시간의 지나감을 후각을 통해 우리 뇌리에 각인시킴으로써 깊은 인상을 남긴다.

우리의 삶 또한 찻잔으로부터 피어오르는 하얀 김처럼 그렇게 흘러 사라져가겠지만, 차향을 머금은 저 김처럼 향기 나는 삶이었으면 좋겠다. 차 연구가 김세리*는 차향의 매력과 아름다움을 다음과 같이 묘사했다.

> 이 밤. 사무치게 향그러워 잠들 수 없음을,
> 차향을 온통 뽑아 뱃속에 가두었다.
> 참혹하게도 석방하지 않으리.
> 머리부터 발끝까지 나는 완벽한 동방미인이 되었다.

---

* 　동양철학자인 김세리 박사는 성균관대학교에서 동양철학을 전공하여 박사학위를 받았다. 다산 정약용 전문가이며 차 연구가이다.

# 12

# 똥 누기

## • 음식을 먹지 않으면 똥 쌀 일도 없다! •

우리가 똥을 누는 이유는 음식을 먹기 때문이다. 우리가 음식을 먹지 않는다면 똥 눌 일이 없다. 음식이라는 인풋input이 있으니 똥이라는 아웃풋output이 있는 것이다. 그러므로 우리가 먹은 것만 알고 싸는 것을 모르면 결코 건강한 삶을 살 수 없다. 어떻게 돈을 벌 것이냐 하는 것보다 더 중요한 것이 어떻게 돈을 쓸 것이냐인 것처럼, 음식을 맛있게 먹는 것보다 더 중요한 것은 똥을 잘 싸는 것이다. 우리는 종종 잘 먹는 것만 생각하지 잘 싸는 것에 대해서 생각하지 않는 경우가 많다. 그러나 아무리 잘 먹으면 뭐하겠는가? 잘 싸지 못한다면……. 먹은 것을 싸지 못하는 것보다 괴로운 일은 없다. 변비便祕, constipatio의 괴로움이란 정말 고통스럽다. 그러므로 우리는 싸는 행위, 즉 배설하는 행위를 천박하게 생각해서는 안 된다. 똥을 더럽다고만 생각하면 안 된다는 말이다.

## • 똥을 잘 눌수록 건강하다 •

우리의 언어 속에 똥을 폄하하는 표현들이 있다. 예를 들면 우리가 살아가면서 명예가 손상되었을 때 "똥 됐다"고 말한다. 또 매사에 무개념인 인간에게 "대가리에 똥만 들었다"고 한다. 이렇게 우리의 언어 속에서 똥이 폄하되는 이유는 똥을 단지 냄새나는 배설물이라고만 생각하기 때문인 것 같다. 그러나 우리의 건강과 관련하여 똥과 똥 누는 행위는 대단히 중요하다. 하수구가 막히면 아무리 좋은 시설의 목욕탕에서도 악취가 나듯이, 아무리 고급 자동차의 기름통에 질 좋은 기름을 넣어도 배기구인 머플러가 고장 나면 자동차가 망가지듯이, 아무리 산해진미의 음식을 먹어도 잘 싸지 못하면 건강에 심각한 문제가 생기지 않을 수 없다. 인간의 몸은 인풋으로서 먹는 행위와 아웃풋으로서 싸는 행위의 밸런스가 지속적으로 이어질 때 최적의 건강 상태를 유지할 수 있다.

나의 지인 중에 한의사가 한 사람 있다. 부산 해운대에서 한의원을 하고 있는 이용진 원장*이다. 그가 언젠가 사석에서 나에게 이렇게 말했다.

똥 누는 것이 중요해요. 똥을 잘 싸야만 건강하단 말이에요. 인체에 나타나는 질병의 개수는 똥 양에 반비례합니다. 똥을 많이 싸면 몸에 질병이 없고, 똥 양이 적으면 질병의 숫자가 늘 어난다 그 말입니다.

똥의 양이 줄수록 질병은 늘고, 똥을 잘 눌수록, 누는 똥의 양이 많을수록 건강하단다. 질병은 똥의 양에 반비례한다는 말이다. 그러므로 우리는 맛있게 음식 먹을 생각만 해서는 안 되고 시원하게 똥 잘 쌀 생각도 해야만 한다.

### • 똥구멍이 열리는 기적! •

우리는 다른 신체 조직에 비해 최말단의 조직인 똥구멍에 관심이 없는 경우가 많다. 개나 고양이 같은 네발로 다니는 동물은 직립보행을 하지 않기 때문에 장기의 하중을 똥구

---

* 이용진 원장은 부산 해운대에서 '선한 한의원'을 운영하고 있는 한의사로 서 환자의 병증을 치료하기 위해 끊임없이 공부하는 호학지사다.

멍이 모두 다 받지 않는다.` 그러나 인간은 직립보행으로 인하여 오장육부의 모든 하중을 똥구멍이 고스란히 견뎌내야만 한다. 그래서 똥구멍 괄약근의 조이는 힘이 약해지면 장기가 똥구멍 밖으로 빠져 나오는 심각한 사태가 발생한다. 우리는 그것을 '탈장herina'이라고 부른다.`` 똥구멍이 장기의 무게를 튼튼하게 받쳐주어야만 인간은 걸어 다니고 생활할 수가 있다. 똥구멍의 조이는 힘이 약해서 장기를 받치지 못하면 탈장이 일어나 도무지 살 수가 없다. 그러므로 인간의 똥구멍이 열리면 큰일 나는 것이다. 그런데 똥구멍이 열리는 기적적인 일이 인간의 일상에서 일어나는데, 바로 똥 누는 사건이다. 우리가 똥을 눌 때 똥구멍이 열린다. 똥구멍이 열리는 기적은 똥구멍 주변의 '내항문괄약근'의 이완하는 힘이 일시적으로 똥구멍의 조임을 담당하는 '외항문괄약근'의 수축하는 힘을 이겨냄으로써 발생한다.``` 그럼에도 불구하고 똥이 나오는 순간에도 외항문괄약근은 수축하는 힘을 계속 유지하면서 내항문괄약근의 이완이 해제되었을 때 즉각적으로 똥구멍을 오므려주는 역할을 함으로써 우리의 몸을 탈장으로부

*　　참조. 김용옥, 『건강하세요 1』, 통나무, 1998, 51.

**　　김용옥, 『건강하세요 1』, 51.

***　김용옥, 『건강하세요 1』, 52.

터 보호한다. 그러기에 똥구멍이 열려 똥 길이 만들어진다는 것은 똥구멍의 오므리는 힘과 여는 힘 사이의 신비하고도 절묘한 '호모스타시스ομοστασις'(항상성)*에 의해 발생하는 기적적인 사태가 아닐 수 없다.

**• 똥구멍을, 똥구멍을 열어주소서! •**

나에게도 변비에 대한 곤혹스러운 추억이 있다. 오스트리아 빈대학교Universität Wien 고전어학부에서 '고전 그리스어'를 배우던 당시 나의 고전 그리스어 선생이었던 잉그리트 클라인Ingrid Klein 교수는 찔러도 피 한 방울 나오지 않을 냉정함을 가지고 매우 혹독하게 우리를 가르쳤다. 매 수업마다 예습을 해가야 했으며, 새로운 단어를 약 100개씩 외워가야 했다. 그렇게 하지 않으면 어떻게 되냐고? 수업하는 3시간 내내 히말라야에서 불어오는 차가운 칼바람보다 냉혹한 클라인 교수의 눈빛을 견뎌야만 했다. 이런 경험을 하게 된 학생들은 거의 예외 없이 입을 모아 몸서리치며 말하곤 했다. "내가 다음

* 호모스타시스, 즉 항상성이란 생물이 자신의 체내 상태를 일정하게 유지하고자 하는 현상을 의미한다. 예를 들어 인간이 아주 더운 환경이나 아주 추운 환경에서도 자신의 체온을 일정 상태, 즉 36.5도 전후로 유지하는 것을 호모스타시스, 즉 항상성이라고 한다.

수업에도 단어를 외우고 예습해오지 않으면 인간이 아니다!"
이렇게 지독한 클라인 교수 덕에 학생들의 고전 그리스어 실력은 일취월장할 수 있었다. 그러나 나는 고전 그리스어를 배우는 동안 극심한 스트레스를 받아 심한 변비에 시달려야 했다. 도무지 똥구멍이 막혀 똥을 눌 수가 없었다. 그때 든 생각은 "그리스어 잘하면 뭐 하나? 똥구멍이 막혀 똥이 안 나온데? 똥구멍을, 똥구멍을 열어주소서!"

## • 똥 싸는 것의 보편성 •

내가 아는 수학자 한 분이 있다. 그런데 이분의 평생 소원은 똥을 한 번 시원하게 누어보는 것이다. 한때 식도락에 빠져 미식가로 살 때 이 세상을 주유하며 온갖 맛있는 요리를 다 먹어보았지만, 이 식도락이 똥 한 번 후련하게 싸는 것만 못하다는 것이 그분의 지론이다. 아무리 수학적인 공리에 밝으면 무엇 할 것이며, 넘치는 인문학적 소양을 가지면 뭐하느냐는 것이다. 똥구멍이 막혀 똥이 안 나오는데…….

그러므로 똥 싸는 문제야말로 이념과 인종과 학벌과 지역을 초월하는 인류의 보편 인문학적 주제가 아닐 수 없다. 수년째 변비를 앓는 사람에게 중요한 담론은 우주란 무엇인가, 국가란 무엇인가, 정의란 무엇인가, 역사란 무엇인가 같은 거대 담론이 아니라 어떻게 하면 똥을 시원하게 쌀 수 있는가가 아니겠는가? 수년째, 수십 년째 똥을 못 누는 사람 앞에서 우주니, 국가니, 정의니, 역사니 하는 담론은 허위에 가득 찬 기만일 수도 있다.

## • 한 미변가 열 미식가 부럽지 않다! •

요즘 우리의 일상이 너무 바쁘다 보면 똥 눌 여유조차 없다. 그리고 똥을 누는 문제는 우리의 심리 상태와 직결되는 경우가 많다. 삶이 너무 바쁘거나 스트레스의 연속이면 변의便意를 느낄 여유가 없게 된다.* 그러기에 아무리 바쁘더라도 똥을 눌 수 있는 여유는 있어야 한다. 그렇지 못할 경우 어김없이 변비에 시달리게 되고 만다. 그렇게 되면 변비로 삶의 질은 바닥을 칠 것이다. 결국 이러한 삶은 우리를 불건강하게 만든다. 인풋도 중요하지만 아웃풋은 더욱더 중요하다. 산해진미를 아무리 먹어본들 뭐하겠는가? 심한 변비에 걸려서 그것을 밖으로 배출하지 못하면……. 오직 괴로움이 있을 뿐이다. 한 미변가가 열 미식가 부럽지 않은 것이다. 그러므로 '미식가美食家'가 되는 것보다 '미변가美便家'가 되는 것이 중요하

---

* 　참조. 김용옥, 『건강하세요 1』, 53.

다. 그러기 위해서는 아무리 바쁘더라도 잠시라도 여유를 누릴 수 있는 '막간Abstand'이 있어야 한다. 동료와 담소를 나누면서 차 한 잔이라도 할 수 있는 그런 시간적 여유 말이다. 우리 사회가 최소한 변의를 느낄 수 있는 그런 여유가 있는 사회가 되었을 때 수많은 사람이 변비에서 해방될 수 있을 것이다.

## • 사상과 변비 •

인풋과 아웃풋의 관계는 비단 음식과 몸의 관계에만 국한되는 것이 아니다. 이것은 사상과 사유의 관계에서도 성립되는 정식이다. 그 누구의 사상이든 다 맞지는 않지만 다 틀린 사상도 없다. 다 장단점을 함께 가진다. 모든 사상이 시대와 상황 속에서 나름대로 설득력이 있다 보니 사상 대접을 받은 것이 아니겠는가? 그러니 한 시대를 풍미했던 사상이라고 할지라도 그 사상은 특정 시대에서 인간세의 문제를 해결하고자 하는 인간의 고투와 지혜의 소산이다. 그러므로 그 시대의 한계를 자체 속에 함의하고 있을 수밖에 없다. 그러기에 우리가 어떤 사상을 섭렵(인풋)하더라도 반드시 그것을 우리 시대와 상황 속에서 비평적으로 파악해야 한다. 배울 점은 취하여 소화하되, 문제점은 지적하고 비평하여 걸러내야(아웃풋) 한다. 어떤 사상도 집어넣기만 하고 걸러내지 못하면 음식을 먹고 똥을 못 누는 것과 같다. 사상이 딱딱하게 굳어져 경직된다는 것은 변비에 비견되는 사태가 아니겠는가? 아무리 산해진미의 음식을 먹어도 똥을 누지 못하면, 변비에 걸려 고통받을 수밖에 없는 것처럼, 아무리 위대한 사상을 섭렵하더라도 취할 것을 취하고 버릴 것을 버리지 못하면 그 사상으로 인하여 우리의 사유는 굳어 변비에 걸리고 말 것이다.

# 13

# 옷 입기

### • 인간, 옷 입는 동물! •

인간이라는 동물은 여러 가지 면에서 다른 동물과 구분된다. 인간은 언어를 사용하며, 사고할 수 있는 능력이 있으며, 도구를 사용하며, 종교적이며, 정치적이며, 윤리적이고, 유희를 즐긴다는 점에서 여느 동물과 다르다. 아울러 인간이 동물과 구별되는 또 하나의 특징을 꼽아보라면 인간만이 옷을 입고 다닌다는 것이다. 인간은 평생 옷을 입고 산다. 외출할 때도, 집에서도, 잠을 잘 때도 옷을 입는다. 심지어 죽어서도 수의라는 옷을 입는다. 인간은 유령이 아니라 몸을 가지고 있기에 옷을 입는다.

옷이란 몸의 일부가 아니다. 호랑이의 털이 아무리 화려하고 멋지다 해도 그것은 옷이 될 수 없다. 칼뱅Jean Calvin,

1509~1564에 따르면 인간이 옷을 입는 이유는 ① 자신 몸의 부끄러운 부분을 가리고, ② 몸을 보호할 뿐만 아니라, ③ 자신의 몸을 아름답게 장식하고 꾸미기 위함이다.[*] 몸을 아름답게 꾸미는 일과 옷이 아무런 상관이 없다면 옷은 지금보다 기능성을 고려하여 훨씬 더 단순하게 만들어졌을 수 있다. 인간은 홀로 고립하여 살아가는 단자적 존재가 아니라 함께 관계하며 살아가는 사회적 존재이기에 타인에게 자신을 아름답게 보이고자 하는 욕구를 가지고 있다. 사람의 얼굴이 제각기 다르듯 사람이 입는 의복 또한 같지가 않다. 우리가 아무리 동일한 회사에서 나오는 같은 제품의 옷을 사 입는다 해도 체형과 생김새가 다르고 인격과 이미지가 다르기 때문에 똑같은 비주얼과 느낌을 주지 못한다.

## • 은총의 옷 •

구약성서 「창세기」에 보면 옷의 기원에 관한 재미있는 이야기가 나온다. 태초의 낙원이었던 에덴에서 인간은 옷을 입지 않고 알몸으로 살았으나 부끄러움을 느끼지 않았고 불편함이 없었다. "아담과 그의 아내 두 사람이 벌거벗었으나 부

---

[*]    J. Calvin, *Institutio Christianae Religiorum*, III, 10, 2.

끄러워하지 아니하였다."(「창세기」 2장 25절)

독일의 역사학자 에릭 페터슨Erik Peterson에 따르면 에덴에서의 인간의 알몸nuditas은 단순한 알몸이 아니었다고 한다. 그 이유는 신의 은총gratia Dei이라는 옷이 그들의 알몸을 휘감고 있었기 때문이라는 것이다.* 그래서 아우구스티누스도 인간의 벌거벗은 몸을 가리고 있던 '은총의 옷indumentum gratiae'에 관해 말했다.** 영광으로 가득 찬 신의 은총이 곧 벌거벗음을 가리는 옷이었던 것이다. 그러나 첫 번째 인류인 아담과 하와가 신 앞에서 범죄함으로 인간의 벌거벗은 알몸을 휘감아 옷의 역할을 했던 신의 은총이 인간에게서 떨어져나갔다. 그 순간 인간은 자신의 드러난 알몸, 즉 '벌거벗음nuditas'을 수치스럽게 인식하기 시작했다.*** 그래서 범죄의 결과 발생한 '인식의 전환', 즉 '눈의 밝아짐'으로 인하여 벌거벗음을 수치스럽게 생각하게 된 것은("그러자 두 사람의 눈이 밝아져서, 자기들이 벗은 몸인 것을 알았다." 「창세기」 3장 7절) "벌거벗은 육체를 가리는

* Erik Peterson, *Theologie des Kleides*, Benediticshe Monatschrift zur Pflege religiösen und geistigen Lebens, Jahrgang 16 Heft 9/10, 1934, 347~356.
** St. Augustine, *The City of God aganinst Pagans*, ed. R. W. Dyson, Cambridge. UK: Cambridge Univ. Press, 1998, 615.
*** Erik Peterson, *Theologie des Kleides*, 347~348.

은총의 옷의 상실"을 의미한다.[*] 그리하여 범죄로 말미암아 은총의 옷을 상실해버린 아담과 하와는 부끄러운 부분을 무화과 잎으로 가려야 했다.("무화과나무 잎으로 치마를 엮어서 몸을 가렸다.「창세기」3장 7절) 그리고 신은 자신의 은총에 상응하는 가죽옷을 인간에게 지어 입혀 인간이 수치스럽게 생각하는 알몸을 가려주었다.("하나님이 아담과 그의 아내를 위하여 가죽옷을 지어 입히셨다."「창세기」3장 21절)

동물의 가죽으로 만든 옷은 인간의 벌거벗은 몸을 가리는 신의 은총과 자비를 상징이기도 하지만, 그리스도교의 고대 스승들, 즉 테오도레트Theodoret, ?~362와 제롬Jerome, 347~420 같은 교부들에 따르면 이 가죽옷은 타락 이후 인간에게 임한 죽음을 상징하기도 했다.[**]

### • 아감벤의 의상 철학은 포르노적이다! •

이탈리아의 철학자 조르조 아감벤은 옷을 입는 것을 억압이라고 생각했고, 벌거벗음이야말로 이러한 억압으로부터의 원초적 해방이라고 주장했다. 그러나 아감벤처럼 옷 입는 것

---

[*]    조르조 아감벤 지음, 김영훈 옮김,『벌거벗음』, 인간사랑, 2014, 101.
[**]   참조. 조르조 아감벤,『벌거벗음』, 103.

을 단지 억압으로만 이해했을 때, 이러한 견해는 세상의 외설화, 즉 포르노화를 부추길 수 있다. 사람의 옷을 벗긴다는 것은 그 사람의 얼굴을 뭉개고, 인격을 지워버리는 것과 같다. 실로 인간의 옷이야말로 인간의 수치를 가려주고 인간을 보호하며, 인간을 아름답게 장식하는 신의 은총을 상징한다고 하겠다. 그래서 고대부터 중세를 거쳐 계몽주의시대와 근세에 이르기까지 인간들이 의복을 통해 자신의 신분과 계급을 나타내려고 했던 것은 결코 우연의 일치가 아니다. 의복이야말로 신으로부터 개별 인간이 부여받은 은총의 크기를 나타내는 기준이었던 것이다. 그래서 독일 속담에 따르면 "옷이 사람을 만든다Kleider machen Leute." 입는 옷이 그 사람의 태도와 행색을 결정한다는 말이다. 임금 옷을 입으면 임금처럼 행세하고, 거지 옷을 입으면 거지처럼 행세한다는 말이다.* "옷이 사람을 만든다"는 말은 어떤 옷을 입느냐와 어떤 삶을 살아가느냐는 밀접한 관계가 있다는 말이다.

### • 아킬레우스의 갑옷은 아킬레우스 자신이다! •

고대 그리스의 위대한 시인 호메로스의 서사시 『일리아스』

---

\*   참조. 강영안, 『일상의 철학』, 세창출판사, 2018, 178~179.

에 보면 트로이 전쟁을 배경으로 한 옷에 관한 재미있는 이야기가 나온다. 트로이 전쟁은 기원전 12세기경에 발발했던 전쟁으로 우리에게는 '트로이 목마' 이야기*로 더 잘 알려져 있다. 그리스 신화에 따르면 트로이 전쟁은 스파르타의 왕비 헬레나Helena의 아름다움을 보고 반한 트로이의 왕자 파리스Pairs가 헬레나를 데리고 트로이로 도주한 것이 발단이었다. 이에 대노한 스파르타의 왕 메넬라오스Menelaos는 자신의 아내를 데려간 파리스와 트로이를 칠 목적으로 그리스 연합군을 결성하여 트로이에 파병함으로써 트로이 전쟁이 발발하게 된다. 이 전쟁에 그리스 최강의 전사 아킬레우스Achilleus가 자신의 절친한 친구 파트로클로스Patroklos와 함께 참전한

---

\* 호메로스의 서사시 『일리아스』에 보면, 그리스가 트로이를 무너트릴 때 책략으로 사용한 '트로이 목마'가 등장한다. 그리스는 트로이를 침공하여 트로이 성을 무너뜨리기 위해 약 10여 년간 공성전을 벌였으나 트로이 성은 예상보다 훨씬 견고하여 쉽게 함락되지 않았다. 이에 그리스는 책략을 사용하여 나무로 커다란 목마를 만들고 그 목마의 배 안에 30여 명의 그리스 전사를 매복시켰다. 그리스가 목마를 버리고 퇴각하였는데, 이것은 진짜 퇴각이 아니라 거짓으로 퇴각한 것일 뿐이다. 그러나 트로이 사람들은 그리스의 이러한 책략에 여지없이 말려들고 말았다. 이에 트로이 사람들은 목마를 승리의 전리품으로 여기고 기뻐하며 성 안으로 가지고 들어왔고, 승리를 자축하며 음식과 술로 축하연을 벌였던 것이다. 그날 밤 목마 속의 군인들은 성문을 열어 그리스 군대를 성안으로 들였고, 이로 인해 결국 트로이 성은 함락되고 10여 년간의 기나긴 전쟁이 그리스의 승리로 막을 내리게 되었다.

다. 그런데 아킬레우스는 그리스 연합군의 총사령관 아가멤
논Agamemnon과 크게 의견 다툼을 하게 되어 전투에 참가하지
않게 된다. 이로 인하여 그리스 연합군은 트로이의 왕자이자
트로이 최강의 전사 헥토르Hector가 이끄는 트로이군에 열세
를 면치 못하게 되고 만다. 이에 그리스 연합군의 노장 네스
토르Nestor는 아킬레우스의 친구 파트로클로스에게 아킬레
스를 설득해 전쟁에 참전하게 해줄 것을 부탁한다. 파트로클
로스는 아킬레우스에게 울면서 간절히 부탁했지만 아킬레우
스는 친구의 부탁을 거절한다. 그러자 파트로클로스는 자신
이 전투에 나가겠으니 아킬레우스의 황금갑옷을 빌려달라고
부탁한다. 이 부탁마저 거절할 수 없었던 아킬레우스는 자신
의 황금갑옷을 빌려준다. 아킬레우스의 황금갑옷을 입고 전
쟁에 나간 파트로클로스는 트로이의 전사 헥토르에게 죽고
만다. 아킬레우스는 친구 파트로클로스의 전사 소식을 듣고
결국 참전하기로 결심한다. 그리고 자신의 창과 방패를 들고
전장으로 나아가 헥토르와의 결투에서 그를 죽인다. 여기서
아킬레우스가 전쟁에 참전하겠다고 결의하게 된 이유는 자신
의 옷을 입은 자를 죽인 바로 그 자를 죽이기 위해서다. 창을
든 아킬레우스는 말한다. "내 옷을 입은 내 친구를 죽인 것은
곧 나를 죽인 것이다." 여기서 아킬레우스의 갑옷은 단지 갑

옷이 아니라 아킬레우스의 존재를 유비하는 그의 인격의 상징체다. 그러므로 사람의 옷은 단지 그 사람의 부끄러운 부분이나 신체를 보호하는 기능적인 역할만 하는 것이 아니라 그 사람의 인격과 자아를 상징한다.

## • 옷, 인격과 신분의 상징! •

미국의 소설가 마크 트웨인Mark Twain, 1835~1910의 소설 『왕자와 거지The Prince and the Pauper』(1881)에서 왕자와 거지가 서로 옷을 바꿔 입음으로써 신분이 교체된다. 즉 옷은 그 사람의 인격과 신분의 상징인 것이다. 인간에게 옷의 변화는 자아의 변화이며 신분의 변화를 의미한다. 18~19세기만 하더라도 여전히 유럽 귀족들은 평일에 자신의 귀족 신분을 나타내는 의복을 입고 삼삼오오 광장에 모여서 담소를 나누며 자신들의 신분을 과시했다. 당시의 평민과 하인은 화려한 옷을 입고 광장으로 향하는 귀족을 길에서 마주치면 공손히 예를 갖추어 그들에게 인사해야만 했다. 그리고 당시 유럽에는 귀족이 자신의 신분을 나타내는 의복을 입고 함께 모여서 파티를 즐기는 사교 문화가 유행하고 있었다.

# • 샤넬의 의상혁명 •

세계 패션의 역사에 고대로부터 중세와 계몽주의시대와 근세를 거쳐 20세기 초와 중엽에 이르기까지 지속적으로 유지되던 신분적이고 계급적인 의복관衣服觀에 격변을 불러일으키는 실로 경천동지할 혁명이 발생했다. 그것은 다름 아닌 바로 프랑스의 패션 디자이너 가브리엘 샤넬Gabrielle Bonheur Chanel, 1883~1971에 의해 주도된 '의상혁명'이다. 이 세상에 대한 평등과 박애정신으로 충만했으며 사회주의의 이상이야말로 가장 고귀한 인간의 정치 질서라고 믿었던 지식인! 천재적이며 영감에 가득 찼던 아름다운 디자이너 샤넬은 인간 의상의 실용성을 극대화한 자신의 패션 모드와 더불어 의상의 계급적 차별성을 철폐하는 데 성공했다. 오늘날 우리가 입고 있는 티셔츠와 간편한 바지와 치마 의상은 바로 그녀의 발명품이다. 샤넬에 의해 주도된 이 의상혁명은 의상에 깊이 각인되어 있던 중세기적인 신분 질서라는 이념을 '해체Abbau'했다.

샤넬의 의상혁명 이래로 의복으로부터 계급적이고 신분적인 상징성이 탈색되었다. 그럼에도 불구하고 여전히 의복은 유행이라는 현상을 통하여 각 시대의 정신과 정서와 사회상을 반영하고 있다고 하겠다. 의복은 그것을 입은 사람의 개인적 인격과 개성과 미적 감각을 보여준다. 비록 동일한 회사의 같은 옷을 입었다고 할지라도, 누가 그 옷을 입었느냐에 따라 전혀 다른 개성과 느낌과 분위기와 이미지를 창출한다. 그런 의미에서 동일한 얼굴이 존재하지 않는 것처럼 동일한 의복은 존재하지 않는다. 그러므로 옷이야말로 얼굴 못지않게 그 사람의 이미지를 표상하는 매우 중요한 상징체가 아닐 수 없다.

## • 얼굴과 옷 •

우리의 몸과 주요 신체부위는 옷으로 가릴 수 있지만, 옷으로 가릴 수 없는 부위가 있으니 그것은 얼굴이다. 얼굴은 우리의 몸을 대표하는 가장 중요한 신체 부위가 아닌가 한다. 그러기에 의복을 골라 입을 때 여러 가지 기준으로 옷을 골라 입겠지만, 의복 선택의 가장 중요한 기준은 자기의 얼굴과 잘 어울리느냐의 여부인 것 같다. 옷이 자신의 얼굴과 잘 어울리면 그 사람은 그 옷을 입을 것이요, 잘 어울리지 않으면 그 옷을 입지 않을 것이다. 물론 의복이 자신의 얼굴에 어울리는가의 여부를 판단하는 것은 그 사람의 자유로운 취향과 교양과 미적 감각에 달려 있다. 그렇다고 옷의 선택이 전적으로 그 사람의 자유로운 선택에 달려 있는 것만은 아니다. 표면적으로는 옷의 선택이 옷을 입는 주체로서의 인간의 자유로운 결정에 달려 있는 것처럼 보인다. 그러나 어느 시대나 옷을 착용하는 사람들이 속해 있던 그 지역의 기후와 윤리적 기준과 미풍양속과 경제적 능력 등이 옷의 일정한 양식을 결정지었다. 한여름의 무더운 기후는 여인들의 티셔츠에 대하여 민소매의 패션 모드를 창조했다. 혹한의 겨울 날씨는 오리털이나 거위털로 만든 모자가 달린 두터운 파카라는 패션 모드를 창조했다. 아무리 자기가 좋아하는 색깔과 옷감과 디자인이라고 할지라도 남들이 전혀 입지 않는 그러한 옷을 혼자서만 입고 다닌다는 것은 여간한 소신이 없고는 불가능하다.

### • 나비넥타이와 나, "저것이 어디에 쓰는 물건인고?" •

나는 2012년 귀국한 이래로 줄곧 나비넥타이를 매고 학교에서 가르치고 있다. 또한 나비넥타이를 매고 여러 학회에서 논문도 발표하고, 수많은 곳에서 강연도 하였다. 그러다 보니 나의 이미지는 언제나 나비넥타이와 깊게 연관되어 있다. 나와 교분이 있는 분들은 내 이름을 떠올릴 때마다 나비넥타이를 맨 내 모습을 연상한다고 한다. 가끔 일반 넥타이를 매고 학회 같은 곳을 가면 동료 학자들이 나에게 어김없이 묻곤 한다. 오늘 무슨 일이 있으시냐고? 오늘 왜 나비넥타이를 안 하셨냐고? 이러한 나의 이미지는 사실 하루아침에 형성된 것이 아니다. 내가 지금부터 20여 년 전 나비넥타이를 처음 매던 시절만 하더라도 당시 우리나라에서 나비넥타이를 맨다는 것은 대단히 파격적인 일이었다. 그래서 한국에 잠시 다니러 와서 나비넥타이를 매고 사람을 만나거나 강의를 하면 사람들은 당혹한 눈빛으로 나를 쳐다보며 대충 이렇게 반응했던 것으로 기억한다. "저것이(저 인간) 어디에 쓰는 물건인고?" 요즘이야 예능프로나 텔레비전 강연 프로그램에 강연자들이 더러 나비넥타이를 매고 나오기 때문에 그렇게 낯설게 느껴지지는 않을 것이다. 그러나 당시로서는 무척 낯선 행색이었음에 틀림없다. 나의 나비넥타이 착용은 사람들의 따가운 시선(?)을 꿋꿋이 버티면서 지속적으로 그 패션을 고수했기 때문에 가능했던 것이다. 내가 나 자신의 개성과 상징으로 여겨지는 나비넥타이 패션을 정착시키기까지 쉽지 않는 소신과 뚝심이 필요했던 것이다. 이러한 사실은 무엇을 우리에게 가르쳐주는가? 그것은 사람마다 자신의 옷에 대한 자유로운 결정권이 있는 것 같지만 사실 그 이면을 자세히 들여다보면 의복 선택의 자유는 실제로 그 시대의 전통이나 유행에 의해 형성되어 고정된 의복 양식에 매여 있다는 것이다. 그러므로 패션 양식과 선택의 자유는 일정 부분 그 시대의 사회적 제약 아래 있다고 보아야 한다. 의복은 우리의 전적인 선택에 의해 착용되는 것처럼 보이지만, 실제로는 사회에 의해 이미 결정되고 선택되어 우리에게 주어진 측면이 있다. 다들 양복 와이셔츠에 일반 넥타이를 매는 상황에서 무슨 나비넥타이란 말인가? 그것은 결코 쉬운 일이 아니었다.

## • 옷 잘 입는 사람이 되자! •

그렇다면 그 시대의 기후와 도덕과 미풍양속과 사회상의 영향을 받아 디자인된 그러한 의복을 어떻게 자신의 인격과 개성과 내면의 반영체로 만들 것인가? 이러한 문제는 결국 그 사람이 옷을 잘 입느냐 못 입느냐의 문제로 귀결된다. 옷이 그 옷을 입는 사람을 표현해주는 것이라면, 우리는 옷을 잘 입는 사람이 되어야만 한다. 그리고 혼자서만 옷을 잘 입는다고 옷을 잘 입는다고 할 수 없다. 헐벗고 추위에 떠는 사람들의 형편도 고려하지 않으면서 혼자서 사치스럽게 입는다고 옷을 잘 입는 것이 될 수는 없다. 그러니 그들의 의복도 배려하면서 옷을 입도록 하자.

그런 의미에서 옷 입는 행위에는 단지 몸을 가리고 보호하거나 멋을 내는 행위 이상의 의미가 담겨 있다. 사람은 얼굴이 다르고 인격과 성품이 제각각이다. 옷이 사람의 인격과 개성과 내면을 반영한다면, 그런 의미에서 같은 옷은 하나도 없다. 같은 교복, 같은 양복, 같은 치마를 입어도 누가 입었으며, 입은 사람의 언행이 어떠하냐에 따라 옷은 전혀 다른 인간을 표현해준다. 그러한 의미에 있어서 옷은 인간에게 숙명과 같다. 그러니 옷을 잘 입는 사람이 되자!

# 14

# 화장하기

## • 화장, 분장 그리고 조판 •

화장이란 곱게 단장하여 꾸미는 것을 의미한다. 화장을 영어로는 '메이크업make-up'이라고 한다. 메이크업에는 '화장하다'는 뜻 외에도 '분장하다', '조판하다'라는 뜻도 있다.

'분장'은 배우들이 연극이나 드라마를 찍을 때 맡은 역할에 맞추어 자신의 모습을 변모시키는 일이다. 요즘은 컴퓨터 프린트로 인하여 활판活版 인쇄가 사라졌지만 70~80년대만 하더라도 인쇄란 활판 인쇄를 의미했다. 활판 인쇄에 있어서 조판組版이란 인쇄를 위해 수많은 활자를 순서에 맞추어 배열하는 일이다.

분장이 배우의 얼굴을 그 배역에 맞게 바꾸기 위해 얼굴의 이떤 부분을 보충하는 작업이라면, 조판은 무질서한 활자에

질서를 부여하는 작업이다. 어떤 부분을 보충하고 무질서한 것에 질서를 부여하는 작업이란 불완전한 것을 완전하게 만드는 작업이라고도 말할 수 있다.

### • 화장이란? •

그렇다면 화장이란 무엇인가? 그것은 얼굴의 불완전한 것을 보충하여 완전하게 만들고자 하는 노력의 일환이다. 물론 화장할 때 수많은 화장품이 사용되지만, 이 화장품의 사용은 화장이라는 목적을 위한 수단일 뿐이다. 화장의 목적과 의의는 불완전한 것을 보충하여 완전하게 꾸미기 위해 단장하는 데 있다. 불완전한 인간의 얼굴을 완전한 것으로 고치는 것이 화장이라면, 결국 완전한 인간의 얼굴이 어떤 얼굴인가를 이해하는 것이야말로 화장의 비결이 아닐 수 없다.

### • 가장 위대한 화장 •

화장은 그것이 하나의 작업이라는 점에서 '기술Technik'이요, 하나의 표현이라는 점에서 '예술Kunst, art'이다. 그러므로 화장이란 새로운 인간의 얼굴을 창조하는 예술이며 그것을 위한 기술이다.

화장이 기술이며 동시에 예술이라면, 가장 위대한 화장은 어떤 화장일까? 그것은 인간의 얼굴에 드리워진 절망의 그림자를 희망의 빛으로 바꾸어놓는 화장이 아닐까? 그런 화장을 할 수 있다면 나도 매일 화장을 하고 싶다. 아! 아! 나도 그런 화장을 하고 싶다.

# 15

# 섹스하기

• 성적 욕망과 인간의 창조성에 대한 프로이트의 생각 •

성적 욕망은 인간의 본능에 속한다. 성은 육체적이고 생리적인 본능이기에 인간이 가진 욕망들 중에 가장 충동적이고, 참기 어려우며, 지속적이고 강렬한 욕망이다. 이것은 생명을 지향하는 본능적 갈망이다. 인간이 다른 동물들에 비해 더욱더 성에 집착하는 이유는 오직 인간만이 자신의 죽음을 의식하는 유일한 동물이기 때문이리라. 그러기에 인간은 무의식적이고 본능적으로 종족 보존과 직결되는 성에 과도하게 집착하는 듯하다. 성욕의 이면에는 자식을 낳아 종족을 보존하고자 하는 인간의 무의식적인 의지가 도사리고 있다. 그러기에 성욕은 생명을 탄생시키기 위한 인간의 창조적 본능이라고도 할 수 있다.

이렇게 성욕이 창조적 본능이라고 한다면, 성욕은 단지 종족 보존에만 관련되는 것이 아니다. 그래서 성욕은 인간의 모든 창조와 창작의 행위에도 관련되어 있다고 보는 견해가 있었던 것이다. 오스트리아 빈에서 활동했던 정신과 의사 프로이트는 인간의 모든 예술적이고 문학적인 창조와 창작 행위의 근원을 성욕으로 본 대표적 인물이다. 화가가 그림을 그리고, 조각가가 조각을 하고, 문학가가 소설을 쓰고, 건축가가 집을 축조하고, 패션 디자이너가 옷을 짓는 일체의 창조적이고 창작적인 활동의 배후에는 성적 욕망이 도사리고 있다는 것이다. 인간의 창조와 창작의 행위는 성욕의 변형이고 변용이라는 것이다. 그래서 프로이트는 인간의 성적 욕망이 예술적 재능으로 집중되고 집약될 때, 인간의 창조와 창작의 에너지는 비약적으로 상승한다고 보았다. 그런 의미에서 건축과 미술과 음악과 문학의 역사에 등장하는 위대한 거장들은 보통의 사람들과 비교해볼 때 훨씬 더 강한 성욕을 가진 사람들일 가능성이 높다는 것이다. 모든 위대한 창작의 배후에는 충일하고 충만한 성적 욕구와 욕망의 에너지가 꿈틀거리고 있다고 프로이트는 주장했다.[*]

---

*   필자가 논지의 전개상 프로이트를 인용했지만, 인간의 모든 창조성의 배

후에 성적 욕망이 도사리고 있다는 프로이트의 주장에 대해서 필자는 동의하지 않는다. 모든 인간의 창조적 능력을 성욕으로 환원하는 프로이트의 '범색론(the doctrine of Libido)'은 자신의 어린 시절에 그가 경험했던 왜곡된 성의식에 기반해 있는 것으로 보인다. 필자는 인간의 창조성은 인간 본성에 속하는 것이지 성욕에 속하는 것이 아니라고 생각한다. 그리고 남녀 간의 성정이 전혀 드러나지 않는 어린 소년, 소녀 시절에 뛰어난 예술작품을 창작하는 경우도 얼마든지 있다. 대표적인 실례가 모차르트(Wolfgang Amadeus Mozart, 1756~1791)다. 그는 세 살 때 피아노를 치기 시작하여 네 살 때는 피아노 소품들을 완벽하게 연주하였으며, 다섯 살 때는 작곡을 하였다(칼 바르트 지음, 문성모 옮김, "볼프강 아마데우스 모차르트", 『칼 바르트가 쓴 모차르트 이야기』, 한들, 1995, 27~28). 잘츠부르크(Salzburg) 주교좌성당의 악장이었던 모차르트의 부친 레오폴드 모차르트(Leopold Mozart)는 자신의 일곱 살 어린 아들의 비범한 피아노 연주 실력에 경탄해, 유럽에 있는 자신의 무신론자 친구들에게 아들의 피아노 연주를 보여주기를 원했다. 그렇게 함으로써 그는 친구들의 무신론을 논박하고 싶었던 것이다. "나는 신께서 잘츠부르크에 태어나게 하신 기적을 세상에 알리고 싶다. 나는 이 사명을 신으로부터 받았으며, 이 사명을 수행하지 못한다면 나는 세상에서 가장 배은망덕한 피조물이 될 것이다. (……) 그리고 어떤 볼테르파의 사람(Volterinaner)이 눈이 휘둥그레져서 나에게 '이런 기적을 보는 것은 난생처음이야'라고 말하는 것을 듣는 것은 내게 기쁨이요 큰 승리이다." 여기서 모차르트의 부친이 언급하고 있는 볼테르파의 사람은 백과전서학파였으며 무신론자였던 자신의 친구 프리드리히 멜히오르 그림(Friedrich Melchior Grimm)이었다(칼 바르트, "모차르트의 자유", 『칼 바르트가 쓴 모차르트 이야기』, 42). 인간은 태어날 때부터 성적 욕망과 관계없이 선험적인 창조성을 본성 속에 가지고 태어난다. 그러기에 인간, 즉 남자와 여자만이 창조주인 '신의 형상(imago Dei)'을 따라 창조되었다고 구약성서는 정의하고 있다(「창세기」 1장 26~27절). 예술적인 창조성은 인간의 재능에 속하는 것이지 성욕과 관계 있는 것은 아니라고 보아야만 한다. 그렇게 보아야만 우리가 편견 없이 인간의 예술성과 창조성을 이해할 수 있다. 뛰어난 음악가들과 예술가들이 성적으로 매우 강할 것이다? 그대들은 정말 그렇다고 생각하는가? 참으로 웃기는 편견이 아닐 수 없다. 뛰어난 음악가들과 예술가들 가운데는 이성이라고는 거들떠보지 않는 매우 금욕적인 사람들도 얼마든지 있다. 나의 지인인 조각가도 그런 사람 중 한 명이다.

## • 과도한 섹스의 문제 •

아무리 성적 욕망이 인간의 예술적 창작 행위와 직간접적
으로 관련 있다 할지라도, 과도하게 섹스를 일삼는 것은 금
물이다. 과도한 섹스는 심신을 피곤하게 해서 아무 일도 할
수 없게 만들며, 결국에는 건강을 해칠 것이기 때문이다. 그
래서 프랑스의 철학자 조르주 바타유Georges Albert Maurice Victor
Bataille, 1897~1962는 『에로티즘L'Erotisme』(1957)에서 인간은 노
동을 위하여 성적 욕망을 제어하려고 터부Taboo, 즉 금기를 만
들었다고 한다. 그럼에도 불구하고 인간의 성적 욕망은 너무
나 강렬해서 그러한 터부가 욕망을 제어하기가 쉽지 않은 것
이 현실이라는 것이다. 청소년 시절 야동에 빠진 학생이 매번
온종일 자위행위를 한 결과 몸이 허약해져서 시시콜콜 말라
가며 피골이 상접해지고 무기력하여 학업을 제대로 수행하지
못하는 일이 발생하는 경우가 여기에 해당된다고 하겠다. 그
래서 공자孔子는 "나이가 적을 때는 혈기가 제대로 정해져 있
지 않으므로 경계해야 할 바가 여색이다"(『논어』「계씨편季氏篇」:
孔子曰, 小之時, 血氣未定, 戒之在色)라고 가르쳤던 것이 아니겠는
가? '과유불급過猶不及'(『논어』「선진편先進篇」)이란 말이 있다. 그
뜻을 새기면 "지나친 것은 모자라느니만 못하다"는 의미다.
그러므로 어떠한 경우에도 지나친 섹스는 인간을 과도한 피

로로 몰아넣어 무기력하게 만들 뿐만 아니라 심한 경우는 인간의 건강을 해치기까지 한다.

오늘날 방송매체나 잡지에서 소위 성전문가들이라는 분들이 나와 연령별 주당 성교 횟수를 무슨 인간 건강의 바로미터인 양 떠들면서, 인간이 평생 지속적으로 섹스를 하지 않으면 건강에 큰 문제가 생길 것처럼 과도하게 주장하는 경우가 있다. 이것은 성의 상품화와 상업화에만 경도된 참으로 한심하고 어이없는 주장이 아닐 수 없다. 그런 식으로 따지면 종교인들 가운데 평생 독신으로 살아가는 사람들은 모두 불건강한 사람들이어야만 한다. 그러나 실제로 그렇지도 않거니와 이러한 주장은 매우 상식이 결여된 성의 상업화를 위한 실로 천박한 주장이 아닐 수 없다. 인간을 제외한 모든 동물계의 섹스는 오직 종족을 보존하기 위해서만 이루어진다. 동물의 세계에서는 워낙 경쟁이 치열하기 때문에 수컷들 가운데 평생 단 한 번 섹스의 기회도 얻지 못하고 생을 마치는 경우가 부지기수다.* 암컷은 보다 건강한 새끼를 낳기 위해서 계속적으로 더욱더 강한 수컷만을 원하기 때문이다. 이렇게 보았을 때 인간의 성행위는 신의 '창조질서Schöpfungsordnung'

* 참조. 김용옥, 『건강하세요 1』, 146.

에 비추어보면 지나치게 과다하고 과도한 측면이 있다.[*] 그
래서 그리스도교의 신학적, 철학적 전통은 일관되게 성의
절제를 가르쳤던 것이다. 성에 대한 무절제가 인간의 건강
을 해치는 것이며 인간의 수명을 단축시키는 것이지 그 역
은 아니었기 때문이다. 고래로부터 오늘날까지 성과 관련
된 심각한 문제는 언제나 성의 무절제에 있었지 성의 절제
에 있지 않았다는 사실을 우리가 잊어서는 안 될 것이다.

### • 인간에게만 발정기가 따로 없는 이유 •

인간 외의 동물들은 종족번식을 위해서만 섹스를 한다. 그
러나 인간의 섹스는 단지 종족번식을 위한 행위가 아니다. 인
간은 성행위를 통해서 종족번식만을 도모하는 것이 아니라
상대방의 존재와 생명과 실존에 참여하며 상호간의 소통을
구가하고 갈구한다. 구약성서 「창세기」에 보면 인간은 처음
부터 '신의 형상imago Dei'으로 창조되었는데, 곧 남자와 여자
로 창조되었다는 이야기가 나온다.

하나님이 자기 형상 곧 하나님의 형상대로 사람을 창조하시

*   참조. 김용옥, 『사랑하지 말자』, 통나무, 2012, 297.

되 남자와 여자를 창조하셨다. (「창세기」1장 27절)


　「창세기」에 따르면 인간에게 있어서 남자와 여자의 성적
차이는 '신의 형상'에 속하는 것이다.* 신의 형상은 성의 구
별, 즉 남자와 여자로 구별되는 것에서 드러난다. 그러므로
「창세기」는 성의 구별을 신의 형상의 일부분으로 본다. 인간
창조와 더불어 생겨난 남자와 여자의 성적 차이가 신의 형상
에 속한다면 이 차이는 결코 남성과 여성 사이의 계급적인 위
계질서일 수 없으며 남녀 상호간의 평등을 의미한다.** 남녀가
평등하게 신의 형상으로 창조되었다는 사실은 심지어 아우구
스티누스에게서 그리고 그를 수용했던 중세신학에서조차 강
조되었다.*** 「창세기」의 창조기사는 남녀 간의 성별 차이가 단
지 자연적이고, 생물학적인 종족 번식에만 결부되어 있지 않
음을 보여준다.**** 「창세기」에 따르면 번식은 모든 생물에게 공
통적인 것이지만, 성은 오직 인간에게만 특수한 것이다. 그래

---

\* 　J. 판 헨더렌, W. H. 펠레마 지음, 신지철 옮김, 『개혁교회교의학』, 새물결
플러스, 2018, 537.

\*\* 　J. 판 헨더렌, W. H. 펠레마 지음, 『개혁교회교의학』, 538.

\*\*\* 　Augustinus, *De genesi ad lit.* III, 22 (CSEL, 28, 1, 89).

\*\*\*\* 　참조. 볼프하르트 판넨베르크 지음, 신준호, 안희철 옮김, 『조직신학2』, 새
물결플러스, 2018, 381.

서 창조되어진 생물들 중에 오직 인간만이 신에 의해서 남성과 여성으로 지칭되고 있는 것이다.*(「창세기」 1장 27절) 여기서 남성과 여성의 상호관계성은 일차적으로는 남녀 간의 성행위를 통한 '종족 번식'과 관련되어져 있는 것이 아니라 '신의 형상'과 관련되어 있다.** 성에 대한 「창세기」의 이러한 가르침은 성을 종족 번식과 관련해서만 이해하는 협소한 생물학적인 견해와 다르다.

인간에게만 발정기가 따로 없다는 것이 인간의 성행위가 종족 번식에만 관련되어 있지 않다는 사실을 증명해준다. 개나 고양이는 발정기가 되면 종족 번식을 위해 암컷은 암내라는 냄새를 피운다. 그리고 그 암내를 통해서 수컷을 유혹한다. 암내란 무엇인가? 이는 동물에게 나는 냄새 중 가장 강력하고 지독한 냄새로 '배란기(발정기)estrus'에 체내에 형성된 '페르몬Pheromone'이라는 화학물질로부터 피어나는 냄새다.*** 그래서 이 페르몬이라는 물질은 사람들에게는 이성을 유혹하는 물질로 알려져 있다. 페르몬을 최초로 발견한 사람은 독

---

* 도로테 죌레 지음, 박재순 옮김, 『사랑과 노동』, 한국신학연구소, 1988, 216.
** Phyllis Trible, *God and the Rhetoric of Sexuality*, Philadelphia, 1978, 15.
*** 참조. 김용옥, 『건강하세요 1』, 141~142.

일의 생화학자 아돌프 부테난트Adolf Butenandt, 1903~1995다. 그는 1930년 자신의 연구에서 암컷 나방이 배출한 극소량의 물질에 의해 수 킬로미터나 떨어져 있는 수컷 나방이 암컷 나방 주변으로 몰려드는 것을 보고 이 물질을 연구하기 시작했다. 당시만 하더라도 이 물질을 페르몬이라는 구체적인 단어로 명명하지는 않았다. 그 후 이 물질은 1959년 독일의 화학자 페터 칼슨Peter Karlson, 1918~2001과 스위스의 곤충학자이며 동물학자 마르틴 뤼셔Martin Lüscher, 1917~1979에 의해 처음으로 페르몬이라고 명명되었다. 칼슨과 뤼셔에 따르면 같은 종의 동물끼리 의사소통을 위해 사용하는 체외분비 물질이 존재한다는 것이며, 그들은 이 물질을 '페르몬'이라고 명명했던 것이다. 페르몬이라는 말은 고대 그리스어에서 온 말로 '운반하다'라는 뜻의 '페로φερω'와 '흥분'이란 뜻의 '호르몬ορμον'의 합성어다. 그래서 페르몬이란 말을 문자적으로 직역하면 '흥분을 운반한다'라는 뜻 정도로 번역될 것이다. 어쨌든 이 암내, 즉 페르몬 냄새가 진동하는 그때가 곧 체내에 배란이 완료된 시점이다. 이 암내를 통해서 암컷은 주변 수컷들에게 배란 준비가 끝났다는 사실을 알린다. 이것이 동물세계의 성이다.

개나 고양이 같은 동물들에게는 인간처럼 성윤리나 도덕적 터부가 존재하지 않는다. 그들은 기본적으로 프리섹스free sex를 한다. 그러나 그들의 섹스는 결코 난잡하지 않으며, 신의 창조질서에 따라 엄격하게 발정기에 한정되어 있다.[*] 발정기 외에 동물들은 성에 있어서 철저히 금욕적이다. 오직 발정기에 한해서 동물들은 종족 번식을 위한 목적으로만 짝짓기를 한다. 이 시기가 되면 동물 암컷들은 암내, 즉 페르몬 냄새를 풍긴다. 여기에 인간의 섹스와 동물의 섹스 사이에 결정적 차이점이 드러난다. 인간은 배란기가 되었다고 해서 결코 암내를 풍기지 않는다. 인간에게 암내가 나지 않는다는 것은 무엇을 의미하는가? 그것은 오직 인간만이 이 지구상에서 발정기가 따로 없이 항시 섹스를 할 수 있는 유일한 동물이라는 것이다.[**] 다른 동물들과 달리 인간에게 발정기가 따로 없다는 사실은 곧 성이란 인간에게 단지 종족 번식을 위한 행위가 아니라 끊임없이 서로를 이해하고자 하는 사랑과 사귐과 소통의 행위이며 그것들을 위한 성실한 과정이라는 사실을 반증한다.[***] 그러므로 성행위를 한쪽이 다른 한쪽을 일방적으로 정복하는 행위라고 이해하는 것은 성에 대하여 심각하게 왜곡된 시각이 아닐 수 없다.

* 　참조. 김용옥, 『건강하세요 1』, 142.
** 　참조. 김용옥, 『건강하세요 1』, 146.

## • 일부일처제라는 결혼제도와 일부다처제의 욕망 •

'일부일처제', 즉 '모노가미monogamy'는 인간 결혼의 역사와 함께 시작되었다 해도 과언이 아니다. 많은 사람이 결혼제도가 고대에 '일부다처제', 즉 폴리가미polygamy로부터 시작되어 시간이 지나면서 모노가미로 정리되어 고착화되었다고 생각한다. 그러나 이것은 고전문헌학적인 진실이 아니다. 고대문헌들을 살펴보면 실제로 인간 결혼의 역사는 고대로부터 오늘날에 이르기까지 일관되게 모노가미의 형태를 유지해왔다. 네덜란드의 법학자이며 철학자인 헤르만 도예베이르트Herman Dooyeweerd, 1894~1977에 따르면 심지어 역사 속에 등장했던 일부다처제조차 일부일처제의 변형에 불과한 것이

***  고대 히브리어에서 '성관계를 하다'에 해당되는 동사는 '야다(ידע)'인데 이 동사의 원래 의미는 '알다'이다. '성관계를 하다'라는 동사의 원래 의미가 '알다'라는 뜻을 가지고 있다는 것은 실로 흥미로운 일이 아닐 수 없다. 여기서 '야다'가 의미하는 앎이란 단지 이성적 앎이 아니라, 내밀한 관계를 통해서 상대방의 생명과 실존에 참여함으로써 상대방을 경험적으로 안다는 뜻이다. 이러한 히브리어 '야다'의 용례가 성서에 등장한다. "아담이 하와를 알았더니(ידע) 가인이 출생하였다." 우리말 성서에는 "동침하였더니"로 번역되어 있지만 원래 히브리어는 "야다" 곧 "알았더니"로 되어 있다. 여기서 알았다는 뜻은 성관계를 통해서 알았다는 뜻이다. 그래서 인간에게 있어서 성관계, 곧 섹스는 단지 종족 보존을 위한 행위가 아니라 상대방을 알아가는 과정, 곧 기나긴 소통 과정의 일부다. 이것이 바로 '야다' 동사를 통해 히브리 사상이 우리에게 전달하고자 하는 내용이다.

지, 실제적인 일부다처제는 존재한 적이 없었다는 것이다. 일부다처제라는 것도 한 남자가 여러 명의 여자와 하나의 가정을 이루는 형태가 아니라 한 남자가 각각의 여자와 제각기의 가정을 이루는 것이기 때문이다.* 수천 년 전 문헌인 구약성서 「창세기」에 등장하는 첫 인류 아담과 하와에 대한 기사記事, Text만 하더라도 아담의 배필은 오직 하와 한 사람뿐이었던 것이다. 「창세기」는 그들의 부부 생활을 일부일처제, 즉 모노가미로 묘사하고 있다. 일부다처제, 즉 폴리가미가 아닌 것이다. "이리하여 남자는 부모를 떠나 그의 아내와 합하여 한 몸이 되었다."(「창세기」 2장 24절) 여기에서 아담과 하와에 대한 「창세기」의 이야기는 남자가 부모를 떠나 그의 아내와 결합하여 둘이 한 몸을 이루었다고 한다. 이러한 「창세기」의 기록은 수천 년 전 사람들의 결혼 형식이 일부다처제가 아니라 일부일처제였다는 고대문헌학적인 진실을 우리에게 명백히 입증해 보여주고 있다.

이건 비단 「창세기」에서만 확인되는 사안이 아니다. 고대 선진시대 이래로의 모든 유교경전 또한 일부일처제의 윤리를

---

\* L. Kalsbeek, *De Wijsbegeerte der Wetsidee, Proeve van een christelijke filosofie*, Amsterdam, 1970, 235.

설파하고 있다. 『중용中庸』과 『논어論語』가 예외 없이 모두 일부일처제의 부부 윤리를 가르치고 있다. 고대 시대에 왕이나 귀족은 자신들의 자리를 계승하는 후사들을 충분히 확보하기 위해 여러 처첩들을 두고 자식 출산을 도모한 것이 사실이다. 하지만 민초들의 삶 속에서 확고부동하게 뿌리 내리고 있던 결혼제도는 일부다처제가 아니라 일부일처제였다는 사실을 잊어서는 안 된다.

## • 성과 건강 •

인류는 초창기부터 일부일처제를 결혼제도로 확립하였다. 그런 연고로 인류 결혼제도의 역사는 일부일처제의 윤리를 고수하고자 하는 인간 남녀들이 자신들의 내면에서 끓어오르는 일부다처제라는 금기의 욕망에 대항하여 싸웠던 처절한 고투의 역사였다는 사실을 상기할 필요가 있다. 이러한 고투 속에서 〈사랑과 전쟁〉* 같은 드라마에서 볼 수 있는 수많은 애환과 사연과 사건과 사고가 결혼의 역사 속에서 발생했던 것이다. 인간에게 결혼과 관련하여 일부일처제를 벗어날

---

\* 〈사랑과 전쟁〉은 1999년 10월 22일부터 2009년 4월 17일까지 KBS2에서 방송한 부부 사이의 문제를 다룬 드라마다.

수 있는 제도적 대안은 역사 속에서 단 한 번도 존재해본 적이 없다. 일부일처제는 국가의 법이 일부일처제의 제도를 법제화하기 전부터 존재했던 영구적이고 지속적인 남편과 아내 사이의 사랑의 가족공동체였다.* 그래서 네덜란드의 신학자이고, 철학자이며, 정치가였던 아브라함 카이퍼Abraham Kuyper, 1837~1929는 일부일처제를 인류 초창기부터 국가와 법 이전에 창조주가 결혼과 관련하여 인간에게 부여한 신적 질서라고 묘파했다.

평생을 한 남편과 한 부인이 서로 얼굴과 몸을 맞대고 살아야만 한다면, 그리고 섹스가 다른 공동체와 구별되는 결혼 공동체만의 독특하고 독존적인 행위라면,** 성이란 부부 상호 간에 서로를 존중하고 서로를 이해하는 지속적인 상호소통의 즐거운 과정이 되어야만 하지 않겠는가? 그래서 도예베이르트는 부부 사이의 성적인 쾌감조차도 '원죄peccatum originale'의 결과로 보는 아우구스티누스의 성적 엄격주의를 강하게 비

* Herman Dooyeweerd, *Verkenningen in de wijsbegeerte, de sociologie en de rechtsgeschiedenis*, Amsterdem, 1962, 213.
** Herman Dooyeweerd, *A New Critique of Theoretical Thought*, Vol. III, Ontario: Paideia Press LTD, 1984, 314.

판했다.<sup>*</sup> 그럼에도 불구하고 여기에서 지적하지 않을 수 없는 한 가지 중요한 사안이 있다. 성이 아무리 부부간의 상호소통에 기여한다고 할지라도, 그것이 건강을 해치는 방향으로 수행된다면 무슨 의미가 있겠는가? 부부가 서로 사랑한다면 상대방의 몸과 건강 상태를 충분히 배려하면서 성을 향유하는 것은 너무나 당연하다. 아내가 몸이 아프고, 육아와 가사노동으로 파김치가 되어 있는데 아내에게 섹스를 강요하는 남편이 제정신인 인간인가? 남편이 직장에서 밤낮으로 일하고 야근하며 과음과 과로로 온갖 스트레스와 우울증에 시달리는데 남편에게 잠자리를 요구하는 아내 또한 남편에 대한 배려가 없는 것이다. 그러므로 어떠한 경우에도 성은 남용되어서는 안 되며, 건강을 위해서 엄격한 절제가 필요하다. 성은 남용이 문제이지 절제가 문제가 아니라는 사실을 우리 모두는 명심해야만 할 것이다.

---

<sup>*</sup>  Herman Dooyeweerd, *A New Critique of Theoretical Thought*, Vol. III, 314.

# 에로스 "Eρως

김훈은 소설 『칼의 노래』*에서 사랑은 불가능에 대한 동경,
즉 이상에 대한 동경이라고 묘파했다. 이러한 김훈의 견해는
플라톤의 견해와 일치한다. 플라톤에 따르면 에로스, 곧 사랑
은 아름다움과 선에 대한 동경이고 갈망이다.** 우리는 에로스
로서의 사랑을 단지 성적 충동으로 오해해서는 안 된다. 플라
톤은 에로스를 영혼의 추동력推動力이라고 불렀다.*** 인간은 에
로스 속에서 아름다움과 선을 열광적으로 붙잡고자 하기 때
문이다. 플라톤에 따르면 영혼은 인체의 세부위에 나뉘어 존
재한다. 머리에 있는 영혼은 '이성'이고, 가슴에 있는 영혼은
'열정'이며, 복부에 있는 영혼은 '욕망'이다. '이성'은 '지혜'
의 아레테ἀρετή****를 필요로 하고, '열정'은 '용기'의 아레테를

---

\* 　김훈, 『칼의 노래』, 생각의 나무, 2001.

\*\* 　참조. 군나르 시르베크, 닐스 길리에 지음, 윤형식 옮김, 『서양철학사』, 이
학사, 2017, 101.

\*\*\* 　Plato, *Symposion*, 2006b.

\*\*\*\* 　고대 그리스어 '아레테(ἀρετή)'를 영미권의 학자들이 '덕(virtue)'이라고
번역하는 경향이 있는데 이것은 옳은 번역이 아니다. 아레테는 정확히 번역하
면 '탁월함(excellency)'이라는 뜻이다. 예를 들면 우리가 손흥민 선수의 드리블

필요로 하며, '욕망'은 '절제'의 아레테를 필요로 한다. 에로스는 영혼의 아레테인 지혜와 용기와 절제를 사용하여 아름다움과 선을 창조하고자 한다. 그래서 에로스는 영혼의 아레테인 지혜와 용기와 절제를 자신의 목적에 따라 조율하고 조종하기를 원한다.[*] 그러기에 에로스는 충동만이 아니라, 지혜와 용기와 절제의 정신을 포함한다. 에로스로부터 추동력을 얻은 영혼은 아름다움과 선을 동경하며, 그 아름다움과 선을 창조하기 위하여 지혜와 용기와 절제를 사용하기를 원한다. 그러나 오늘날 이러한 에로스의 정신은 해체되고 말았다. 왜냐하면 에로스가 '포르노porno'로 혼동되어버렸기 때문이다. 에로스를 포르노로 환원시켜버린 주범은 다름 아닌 자본이다. 오직 이윤만을 추구하는 자본가의 이념이 에로스를 죽음으로 몰고 가버린 것이다. 에로스가 없는 이성은 오직 데이터

---

실력을 탁월하다고 말했을 때, 여기에서 '탁월하다'에 해당하는 말이 '아레테'인 것이다. 고대 그리스 철학의 전통에서 아레테란 탁월함을 의미한다. 여기서 탁월함이란 끊임없는 반복적 훈련 내지는 연습을 통해 자신의 몸에 그 기술(ars, art)을 습관화하여 특별히 의식하지 않아도 필요할 시 계속 반복적으로 구현해낼 수 있는 능력을 의미한다. 축구선수에게 아레테란 드리블 기술일 수 있고, 정치가에게 아레테란 웅변술일 수 있고, 의사에게 탁월함이란 환자를 치료하는 능력일 수 있다.

[*]    참조. 한병철 지음, 김태환 옮김, 『에로스의 종말』, 문학과지성사, 2015, 83.

만을 셈하는 계산기일 뿐이다.[*]

에로스, 즉 사랑은 사랑의 대상, 즉 '타자allius'를 전제한다.
타자가 없이 사랑은 존재할 수 없다. 타자 없이는 동경할 수
도, 관계할 수도, 참여할 수도, 고통당할 수도 없기 때문이다.
사랑에는 아픔, 즉 고통이 수반되기 마련이다. 사랑하는 자는
자신이 사랑하는 타자의 절망과 고통에 기꺼이 참여하고자
하기 때문이다. 그래서 독일의 신학자 몰트만 Jürgen Moltmann
은 고통당할 수 없는 존재는 어떤 존재보다 불쌍한 존재라고
말한다. 고통당할 수 없는 존재는 참여할 수 없는 존재이며,
참여할 수 없는 존재는 사랑할 수 없는 존재이기 때문이다.[**]

타자 없는 사랑은 '자기애Selbstliebe', 즉 '나르시시즘narcis-
sism'일 뿐이다. 사랑은 타자를 전제하기에 나르시시즘을 벗
어나서 자신과 타자의 차이점을 의식한다. 사랑이 자신과 타
자와의 차이점을 의식하고 타자와의 관계 속에서 아름다움
과 선을 창조하려 하기에, 사랑은 오직 자신만의 관점이 아니
라 타자의 관점에 기꺼이 참여하며, 옛 세계를 해체하고 새롭
게 세계를 형성시킬 수 있는 힘이 된다. 이것이 에로스의 세

---

[*]     한병철, 『에로스의 종말』, 83.

[**]    Jürgen Moltmann, *Der gekreuzigte Gott*, München: Chr. Kaiser,
1993, 208.

계 형성적 힘이다. 에로스는 타자 없이 존재할 수 없다. 그래서 에로스는 타자를 자신과 동일시하려는 나르시스적인 이기심을 전복시키며, 그것을 넘어선다. 사랑은 타자와의 관계에서 타자와의 차이점을 의식하며, 타자와 더불어 아름다움과 선을 형성시키기를 원한다. 그러나 포르노는 타자를 의식하지도 알지도 알고자 하지도 않는다. 포르노에는 자신의 성적 욕정만을 해소하려는 이기적인 주체의 욕망만 있을 뿐이다. 포르노는 사랑의 대상으로서의 타자를 알지 못하기에 이기적 욕망의 수단일 뿐이다. 그러므로 포르노그래피는 나르시시즘의 가장 원색적인 모습이다.

'섹스'로부터의 **산책 2**

# 포르노

## • 포르노그래피, 그 장구한 역사 •

포르노, 즉 포르노그래피Pornography라는 말은 고대 그리스에서 기원한 말인데, 이 단어의 사전적인 뜻은 '창녀 또는 매춘부에 대한 기록물'이라는 뜻이다.* 그런데 이 말이 근대 서양에서 차용되면서 포르노그래피라는 단어는 인간의 성적性的

행위를 묘사한 소설, 영화, 사진, 그림 같은 문헌이나 작품을
총칭하는 말이 되었다.

포르노그래피는 인류의 문화 및 문명과 궤를 같이하는 실
로 장구한 역사를 가지고 있다. 고대로부터 근세에 이르기까
지 성적 욕망과 남녀의 성행위에 대한 노골적인 묘사는 지위
고하를 막론하고 비밀스럽고 은밀하게 유통되었다. 성이란
예술과 문화의 습하고 그늘진 주제였다. 포르노그래피는 서
구 문화에서 15세기 중엽 구텐베르크Johannes Gutenberg의 인
쇄술 발명과 함께 본격적으로 유포되었으며, 르네상스 이래
로 만만치 않은 세력권을 형성해왔다. 인간의 관음증과 가학
성에 기반을 둔 사디즘Sadism의 창시자 드 사드Donatien Alphonse
Francois de Sade, 1740~1814 같은 철학자들! 정신분석학의 창시자
이며 리비도 이론의 주창자 프로이트 같은 심리학자들! 외설
이냐 문학이냐의 논쟁을 불러일으켰던 소설 『채털리 부인의
사랑』의 저자 데이비드 로렌스David Herbert Lawrence, 1885~1930 같
은 소설가들! 이러한 당대 지식인들의 이론과 논리의 지원을

---

* 　포르노그래피라는 말은 고대 그리스어 '포르노그라포스(πορνογράφος)'에
서 기원한 단어다. 이 말은 '창녀' 또는 '매춘부'를 의미하는 '포른(πόρν)'이라는
단어와 '쓰다' 또는 '기록하다'라는 뜻의 '그라포(γράφω)'의 합성명사다. 그러니
까 포르노그라포스라는 단어는 고대 그리스에서 '창녀 또는 매춘부에 대한 기
록물'을 의미하는 말이었다.

받으며 포르노그래피는 인간의 성적 욕망에 대한 해소와 사회의 병폐에 대한 비판적 기능을 나름대로 수행했다. 서구 역사에서 포르노그래피는 17세기에 문화의 영역에서 확고한 기반을 닦았다. 18세기에 들어오면서 군주와 성직자와 귀족에 대한 신랄한 비판을 수반하는 정치 풍자적인 성격을 띠며 계속적으로 약진했다. 그리고 문학과 예술 속에서 외설 논쟁을 불러일으키며 경제적 이윤 창출에 성공한 것으로 보인다.

우리나라에서도 조선 중기에 외설문학과 관련하여 유사한 현상이 있었다. 춘화春畵와 음란소설淫亂小說들이 그것이다. 18세기 조선시대의 위대한 화가 신윤복이 춘화작가이기도 하였다는 사실은 이미 세간에 다 알려져 있는 사실이다. 그리고 이옥李鈺에 의해서 쓰인『동상기東廂記』(1791)와 동고어초東皐漁樵라는 필명을 썼던 선비 작가가 백화문白話文(구어체 한문)으로 썼든『북상기北廂記』(1840)라는 작품이 바로 대표적인 음란소설이다. 또한 19세기에 편찬된『고금소총古今笑叢』(예로부터 내려오는 우스운 이야기의 모음집)이라는 책은 우리나라 골계문학滑稽文學*의 백미로 일컬어진다. 이 작품들은 매우 노골적인 성적 묘사가 담긴 외설문학이라 하겠다.

---

\* 골계문학이란 익살스럽고 신랄한 풍자와 더불어 교훈을 주는 문학을 말한다.

### • 영화 〈음란서생〉과 외설문학의 사회비판적 역할 •

조선 중후기의 외설문학과 문화를 모티프로 삼은 꽤 익살
스럽고 재미있는 영화가 2006년에 개봉되었는데, 〈음란서
생〉이라는 작품이다. 이 영화는 조선 최고 명문가 사대부 집
안의 자제이며 당대 최고의 문장가로 이름을 떨쳤던 윤서(한
석규 분)라는 선비가 자신의 가문과 대립하는 당파의 음모로
골치 아픈 사건에 연루되어 저잣거리의 유기전에서 음란소설
을 접하게 되면서 시작된다. 급기야 그것이 계기가 되어 음란
소설 작가로 데뷔하면서 벌어지는 해프닝과 흥미진진한 내용
을 담고 있다. 이 영화가 어느 정도의 역사적 고증을 거쳤는
지는 알 수 없다. 그러나 이 영화에서 관찰되는 한 가지 중요
한 사실은 춘화나 음란소설이 단지 민중의 성적 욕망을 대리
만족시켜주는 기능만을 수행한 것이 아니라, 군주와 벼슬아
치와 양반에 대한 정치적 풍자의 역할을 했다는 흥미로운 사
실을 확인해주고 있다는 데 있다.

### • 자본주의에 의한 포르노그래피의
### 사회비판적 기능의 거세 •

자본주의 체제가 본격적으로 확립되기 시작한 19세기에
접어들면서 포르노그래피로부터 사회적, 정치적 비판의 기능

은 완전히 탈색되어져버렸고, 오로지 성적 도발과 대리만족에만 그 초점이 맞추어져 자본의 논리 속에서 소비되었다. 이때부터 포르노 서적과 영화와 사진은 사회 속에서 정치적 위험성보다 윤리적, 종교적 위험성을 조장하는 매체로 간주되었고 본격적인 검열의 대상이 되었다.

## • 포르노와 에로티즘의 차이 •

흔히들 포르노그래피와 에로티즘Erotism을 동일한 것으로 이해하는 사람이 많다. 그러나 양자는 명백히 다른 개념이다. 포르노그래피가 실오라기 하나 없는 노골적인 육체의 노출을 감행하는 반면에, 에로티즘이 추구하는 관능미는 가림과 노출의 긴장과 조화가 불러일으키는 변증법적인 아름다움이다. 그리스어로 '진리'를 '알레떼이아$^{a\lambda\eta\theta\varepsilon\iota a}$'라고 한다. 우리말로 알레떼이아는 '비은폐성' 정도로 번역될 수 있다. 비은폐성이란 가려진 것이 드러난다는 뜻이다. 그러므로 진리는 벌거벗었을 때, 즉 털끝만큼도 은폐되지 않고 명백하게 해명되었을 때 드러난다. 그래서 오스트리아의 화가이며 빈의 분리파 Secession*의 대표주자인 구스타프 클림트Gustav Klimt, 1862~1918

---

\*    우리말 '분리파'로 번역되는 '세체시온(Secession)'은 19세기 오스트리

아-헝가리제국(Österreichisch-Ungarische Monarchie) 시절, 세기말이던 1890
년대에 유행한 예술사조다. 당시 제국의 수도 빈(Wien)을 중심으로 활동하던 분
리파의 슬로건은 "시대에는 그 시대의 예술을, 그리고 예술에는 자유를(Der Zeit
ihre Kunst. Der Kunst ihre Freiheit)"이었다. 분리파에 따르면 시대마다 그 시
대에 적합한 예술이 있다는 것이고, 예술의 정신은 자유라는 것이다. 분리파 사
람들은 자신이 속한 시대에 가장 적합한 예술양식을 고민했고, 시대 통념과 관습
에 구애받지 않고 자유롭게 예술정신을 펼쳐나가기를 원했다. 빈에서 태동한 분
리파의 비조는 건축가였던 오토 바그너(Otto Wagner, 1841~1918)다. 그는 당
시 주류 건축 사조였던 '역사주의(Historismus)'에 매우 비판적인 시각을 가지고
있었다. 역사주의 건축은 역사에 나타난 과거 건축양식을 복고적으로 답습한다.
즉 국회의사당 같은 건물은 민주주의의 발상지인 고전 그리스시대의 건축양식을
따라 축조하고, 대학이나 오페라하우스나 극장 같은 건물은 문예부흥과 인문주
의가 꽃피던 르네상스시대의 건축양식을 따라 축조하는 것이다. 덴마크 태생 건
축가 데오필 한센(Theophil Hansen, 1813~1891)이 민주주의 발상지인 아테네
의 건축양식을 본떠 설계한 오스트리아 빈의 '국회의사당(Parliament)'이나 빈대
학 총장이자 당대 최고의 건축가 중 한 명이었던 하인리히 폰 페르스텔(Heinrich
von Ferstel, 1828~1883)이 신(新)르네상스 건축양식을 따라 설계한 빈대학 '본
관 건물(Hauptgebäude)'이 역사주의 건축의 전형적 예다. 바그너는 자신의 시대
에 강력한 세력권을 형성하던 역사주의 건축 사조를 비판하고 이에 대항하여 건
축과 예술의 실용주의적 양식을 주장했다. 이러한 바그너에게 영향받았던 분리
파 예술가들은 예술과 비예술의 경계를 허물었다. 분리파 예술가들은 당시 미술
관에서 순수예술의 이름으로 전시되던 예술작품들을 미술관에서 끌어내 실생활
에 사용되도록 했다. 그들은 '예술성'과 '실용성'이라는 두 개의 상반된 가치가 공
존하도록 해 자신들을 순수예술에서 분리했다. 이것이 분리파의 탄생이다. 그렇
게 함으로써 그들은 오늘날의 응용미술과 산업디자인의 원조가 되었다. 그들은
19세기에 유행하던 바로크 예술이나, 관(官) 주도 예술과 전시회로부터도 예술을
분리했으며, 예술성과 실용성을 결합한 유겐트스틸(Jugendstil)이라는 청년 스
타일이 새로운 예술양식을 창조했던 것이다. 분리파의 대표적인 인물로는 앞에
서 언급한 건축가 오토 바그너, 화가인 구스타프 클림트, 오스카 코코슈카(Oskar
Kokoschka, 1886~1980), 에곤 실레(Egon Schiele, 1890~1918) 등이 있다.

는 확대경을 들고 정면을 응시하는 아름다운 여인의 나신을 그린 후 그 그림의 제목을 〈벌거벗은 진리nuda veritas〉(1899) 라고 명명했던 것이다. 이 그림의 실제적인 주인공은 클림트가 최애最愛했던 자신의 모델이자 연인이었으며, 실제로 클림트와의 사이에 두 명의 아들까지 낳았던 마리아 침머만Maria Zimmermann으로 알려져 있다. 클림트가 이 작품을 공개했을 때 빈의 지식인 사회가 발칵 뒤집어졌다고 한다. 당시까지만 해도 누드화라는 것은 신화에 나오는 인물들의 인체를 이상적 비율로 표현하는 작품이 대부분이었다. 그렇지 않을 경우는 귀족들과 부유한 지식인들의 개인적 소장을 목적으로만 제작되었던 것이다. 게다가 그리스 신화 속에 나오는 여신들은 현실에 존재하는 여인들이 아니었던 반면에 클림트의 〈벌거벗은 진리〉에 등장하는 여인은 현실에 존재하는 여인, 즉 클림트의 연인이었던 것이다. 그는 자신의 당대에 현존하는 여인의 나신을 그림으로 그려 공개적으로 발표해버린 것이다. 그러니 난리가 날 수밖에……. 그림 상단에 실러Friedrich von Schiller, 1759~1805의 글을 써 넣었는데 그 또한 파격이 아닐 수 없었다.

　　당신의 행위와 예술작품으로 모두를 만족시킬 수 없다면, 소

수의 사람들이라도 만족시키도록 하라. 다수를 만족시킨다는 것은 최악이다.[*]

〈벌거벗은 진리〉에서 그림 속 여인은 자신을 들여다보는 사람들의 얼굴을 똑바로 응시하면서 오른손에 들린 확대경을 그들에게 들이대고 있다. 확대경은 그 그림을 들여다보는 사람들의 얼굴을 확대시켜 자세하게 보는 거울인 셈이다. 그렇게 함으로써 클림트는 당시 온갖 체면치레를 하며 엉큼하고, 음흉하고, 비밀스럽게 자신들의 욕망을 채우던 지식인들을 풍자하고 있다. 어쨌든 진리는 감추어짐이 아니라 드러남이다. 그러나 진리의 드러남과는 정반대로 에로틱의 아름다움, 즉 관능미는 벌거벗겨져 외부를 향해 드러날 때 소멸되고 만다. 그러므로 진리와 미의 작동 방식은 서로 상반된다고 하겠다. 클림트의 〈벌거벗은 진리〉에는 진리와 미의 상반성이 절묘하게 공존하며 오버랩overlap되고 있다.

부부가 서로의 벗은 몸을 본다고 포르노가 되는 것은 아니

---

* 독일어 원문은 다음과 같다. "Kannst du nicht allen gefallen durch deine Tat und dein Kunstwerk, mach' es wenigen recht; vielen gefallen ist schlimm." Friedrich von Schiller, *Gedichte. Tabulae Votivae*, in: Musenalmanach für das Jahr, 1797.

다. 그 벗은 몸과 몸 사이의 행위가 밖을 향하여 진열되고 전시되어 타인에게 공개되어 드러날 때, 그것은 포르노가 된다.

1980년대 흥행했던 영화 중에 미키 루크Micky Rourke가 남자 주인공 존John 역을 그리고 킴 베이싱어Kim Basinger가 여주인공 엘리자베스Elizabeth 역을 맡아 열연한 〈나인 하프 위크 Nine 1/2 Weeks〉(1986)라는 영화가 있다. 매력적이고 아름다운 이혼녀 엘리자베스는 갤러리에서 큐레이터로 근무하고 있다. 어느 날 주식 중개인이며 귀족풍의 돈 많은 미남자 존을 우연히 만나게 된다. 그들은 처음 만난 순간부터 서로 끌리고 육체적으로 관계하게 된다. 그리고 시간이 지날수록 엘리자베스에 대한 존의 성적인 요구는 점점 선을 넘어 과도한 형태를 띠게 되고, 이에 회의를 느낀 엘리자베스는 결국 존을 떠나 수많은 인파 속으로 뛰쳐나가 거리를 배회하게 된다. 이 와중에 그녀는 거리에서 한 가지 충격적인 것을 발견하는데, 자신과 존의 잠자리가 몰래 촬영되어 저잣거리에서 상영되고 있다는 사실을 목격했던 것이다. 그들의 내밀한 성적 관계가 촬영되어 외부로 발설되는 순간 이 성적인 관계는 더 이상 서로의 존재와 생명에 참여하는 아름다운 사랑과 소통의 행위가 아니라 외설, 즉 포르노가 되고 만다. 그러므로 포르노그래피는 에로티즘의 적이다.* 모든 에로스적인 사랑과 그 담론은 포르노 속에서 파괴되고 소멸된다.

## • 숭고한 벌거벗음과 포르노 •

몸의 드러남이 사랑하는 연인들 사이에서 '비밀Geheimnis',
즉 '신비Mysterium'와 '불투명성Undurchsichtigkeit'이 보장될 때
만 그것은 숭고할 수 있고 아름다울 수 있다. 성서에 보면 에
덴에서 아담과 하와는 벌거벗고 있었으나 서로를 부끄러워하
지 않았다. 왜냐하면 그 옛날 낙원에서의 '원초적 벌거벗음
nuditas originalis'은 두 사람 사이에서만 성립되는 아름다운 행
위였기 때문이다. 유대교 랍비들은 최초에 낙원에서 아담과
하와는 신의 은총이라는 빛의 옷을 입고 있었다고 한다. 그래
서 유대교 신비주의 문헌인『조하르Zohar』**에서는 그들이 빛
으로 만든 옷을 걸치고 있었으므로 부끄러워하지 않았다는
것이다. 그러나 아담과 하와가 '신 앞에서Coram Deo' 범죄한
후 부끄러움을 느끼게 된 이유는, 단지 그들의 눈이 밝아져서
가 아니라는 것이다.

---

\*     참조. 한병철,『에로스의 종말』, 65.
\*\*   『조하르』는 유대교 신비주의 교파인 카발라학파의 주요 문헌으로서 모세
5경, 즉 율법에 대한 카발라학파의 해석을 담고 있다.

그들의 눈이 밝아져 자기들이 벌거벗은 줄 알고 무화과나무 잎으로 치마를 엮어서 몸을 가렸다. (『창세기』 3장 7절)

그들이 부끄러움을 느끼게 된 것은 범죄로 인하여 '빛으로 만든 옷', 즉 '은총의 옷'을 상실해버렸기 때문이라는 것이다.[*] 그러므로 몸으로부터 옷을 제거하는 짓은 몸에 부여된 은총을 제거하는 짓이다.

삶의 드러냄이 전시성을 배척할 때 그것은 숭고할 수 있다. 그러므로 '벌거벗음Nuditas'이 '숭고한 행위actum sacrum'가 되려면 그것의 서사가 '밖을 향하여ad extra' 드러나거나 전시되는 방식으로 외설外說되어져서는 안 되며, 안을 향하여 비밀스럽게 내설內說되어져야만 한다.

포르노적으로 자기를 전시하며 맞은편 상대를 향해 '교태를 부리는' 얼굴만큼 숭고함과 거리가 먼 것도 없다.[**]

벌거벗음이 밖으로 전시되고 진열되는 순간 그러한 벌거

---

[*] 　참조. 조르조 아감벤 지음, 김영훈 옮김, 『벌거벗음』, 96~97.
[**] 　Giorgio Agamben, *Nachktheiten*, Frankfurt am Main, 2010, 147. (한병철, 『투명사회』, 문학과지성사, 2014, 51쪽을 따라 참조)

벗음은 더 이상 아름답지도 숭고하지도 않으며, 관능미를 상실한 채 단지 외설猥褻이 되고 만다.[*] 벌거벗음을 전시하는 것은 자본이 몸에 가하는 가학적인 폭력이다. 왜냐고? 벌거벗은 몸이 진열되는 순간 그것은 더 이상 '몸σῶμα, coprus'이 아니라 '살덩어리σάρξ, caro'가 되고 말기 때문이다. 그러기에 벌거벗음을 전시하는 자본은 폭력적이다. 이것은 자본이 자행하는 '사디즘sadism'이다. 자본이 벌거벗은 몸을 쇼윈도에 전시할 때 자본은 자신의 잔인한 폭력성을 원색적으로 드러낸다. 참으로 몸서리쳐지는 일이 아닐 수 없다. 그래서 이탈리아의 영화감독이며 시인이었던 피에르 파솔리니Pier Paolo Pasolini, 1922~1975는 오직 교환가치가 지배하는 자본주의적 이념을 '쾌락주의적 파시즘'이라고 묘파했다.[**] 이러한 쾌락주의적 파시즘의 전형이 곧 포르노인 것이다.

아감벤은 옷을 억압의 상징체로 본다. 그래서 그에게 '벌거벗음'이란 자유와 해방을 의미한다. 그러나 이러한 아감벤의 견해는 자본주의 체제에서 문화와 문명의 포르노화를 더

---

[*]    참조. 한병철, 『투명사회』, 51.

[**]    Pier Paolo Pasolini, *Freibeuterschriften. Die Zerstörung der Kultur des einzelnen durch die Konsumgesellschaft*, Berlin: Verlag Klaus Wagehbach, 1978.

욱 부추길 뿐이다. 우리는 벌거벗음만으로 자유와 해방을 이야기해서는 안 된다. 전라의 육체, 그리고 그것을 전시하는 진열대는 자유와 해방이 아니라 포르노이고, 외설이며, 억압이고 폭력일 뿐이다.

### • 자본주의에서의 성과 포르노 •

자본주의 사회 속에서 성性, Sex은 제의적이고 성례적인 차원을 상실하고 있다. 그것은 더 이상 상대방의 존재와 생명에 직접적으로 참여하는 '숭고한 소통communio sacra'의 행위가 아니라, 스포트라이트를 받으며 벌거벗겨져 진열되는 상품에 지나지 않는다. 자본주의는 모든 가치를 화폐가치로 환원시켜서, 모든 것을 상품으로 만들고 광고하고 진열시킨다. 그런 의미에서 자본주의가 양산하는 문화, 즉 자본에 포획된 문화는 쉬이 포르노적인 방향으로 작동한다. 성은 자본주의 아래서 명백하고 유력한 상품 가운데 하나일 뿐이다. 그래서 성은 진열장에 진열되어 각광받는 상품으로 소비되고 있는 것이다. 그런 의미에서 자본주의가 성을 향유하는 방식은 포르노적이다.

## • 에로티즘—빛의 예술 vs. 포르노—방사선의 난교 •

에로티즘이 몸을 비추는 빛의 예술이라면 포르노는 몸을 투시하는 방사선의 난교다. 빛은 대상을 비추고, 그 대상의 어떤 부분을 빛으로 드러내고 어떤 부분을 그림자로 감추지만 사물을 꿰뚫고 들어가서 그 속을 까발리지는 않는다. 이러한 역할을 하는 것은 방사선이다. 포르노는 방사선에 상응한다. 왜냐하면 포르노는 대상의 신체를 투명하게 들여다보고 투시하며 원색적으로 발라내기 때문이다. 그러므로 투명하기만 한 포르노는 우리 몸이 가지는 시적이고 문학적인 아름다운 서사를 무자비하게 지워버린다. 포르노에서는 오로지 '투명성diaphania' 속에서 훤히 드러난 육체 부위들의 따분하고 나른한 동질성만이 지속될 뿐이다. 가려진 베일 속에 매혹적으로 감추어진 타자의 몸을 비추는 빛이 창출하는 드러남과 감추어짐을 변증법적으로 동시에 감지할 때, 비로소 우리는 에로틱의 서사를 형성시킬 수 있다. 그러므로 모든 것이 투명하게 노출되는 것은 결코 에로틱하지 않다. 그것은 오직 포르노적일 뿐이다. 비밀이 없는 '투명성diaphania'과 '명백성claritas'은 포르노적인 것의 특징이다. 포르노는 투명하고 명백하게 모든 것을 드러내 진열하고 전시하기에 외설적이고 무료하며 지겨운 것이다. 포르노적인 육체는 숭고하지도 아름답지도 않다. 그것은 처절하게 가련하기는 하지만 외설적이다.* 오늘날의 문화도 공개성과 투명성을 과도하게 강조한다는 점에서 포르노적인 경향이 있다. 그래서 현금의 문화는 과거에 비하여 서사적 상상력이 지극히 위축된 측면이 있다. 우리의 문화가 시문학적인 서사를 회복하려면 방사선적인 투명성과 투시성이 아니라, 빛이 창조하는 명암을 존중하는 사고로 전환되어야 한다. 벌거벗은 몸을 옷으로 가리지 않으면 우리의 몸과 문화는 아름다운 사랑과 매혹적인 관능에 대한 서사성과 서정성을 창조할 수도 회복할 수도 없다. 그래서 신은 타락한 인간에게 옷을 지어 입혔던 것이다.("주 하나님이 가죽옷을 만들어 아담과 그의 아내에게 입히셨다." 「창세기」 3장 21절)

* 　　참조. 한병철, 『투명사회』, 50.

# 16

# 잠자기

## • 잠에 대한 은유들 •

인간의 일생에서 잠이 차지하는 분량이 적지 않다. 우리는 하루의 지친 몸을 이끌고 잠자리에 든다. 일찍 자고 일찍 일어나는 사람이 있는가 하면, 늦게 자고 늦게 일어나는 사람도 있다. 평소 일로 인한 극심한 스트레스 때문에 불면증에 시달리는 사람이 있는가 하면, 하루의 일과를 끝내고 기분 좋은 피로 속에서 기쁨으로 잠을 청하는 사람도 있다.

문학과 예술과 종교에서 잠은 안식에 대한 은유지만, 죽음에 대한 은유이기도 하다. 잠은 때때로 무지에 대한 은유로 사용되기도 한다. 성서에 보면 신은 자신이 사랑하는 자에게 잠을 주신다고 한다.(「시편」 127편 2절) 그리고 죽은 자를 잠자고 있다고 표현하기도 한다. 예수는 자신에게 고난의 시간이 임박했을 때 겟세마네라는 곳에서 기도한 적이 있다. 그러나 그의 제자들은 스승에게 닥쳐올 고난을 전혀 눈치채지 못하고 무지 가운데서 깊은 잠에 빠져 있었다. 예수는 깊은 잠에 빠져 있는 제자들에게 다가가서 자신의 제자 베드로에게 다음과 같이 말한다.

너희가 나와 함께 한 시간도 이렇게 깨어 있을 수 없더냐? (……) 마음은 원이로되 육신이 약하구나. (「마태복음」 26장 40~41절)

예수는 잠자는 제자들의 무지함을 책망하면서 그러한 무지의 잠에서 깨어나 각성할 것을 촉구한다. 이때 예수의 제자들의 잠은 무지, 곧 미몽을 의미한다. 그래서 철학자는 깨어 있어야만 하며 불면에 시달리는 것을 마다하지 말아야 한다고 레비나스Emmnuel Levinas가 말했던 것이다.*

### • 잠, 죽음의 연습 •

잠은 또한 일상 속에서 경험하는 죽음의 연습이다. 나의 스

---

\* Emmanuel Levinas, *Entre Nous*, New York: Colombia Univ. Press, 1998. 77.

승 중에 은퇴 후 굉장히 단순하고 규칙적이며 검박한 삶을 사시는 분이 있다. 새벽 3시경에 기상하여 체조와 냉수마찰을 하신 후 하루 일과를 시작하신다. 새벽 5시부터 오후 3시까지 간단한 아침식사와 점심식사 하는 시간을 제외하고는 독서와 집필에 몰두하신다고 한다. 그리고 난 후 외출도 하고, 사람도 만나고, 저녁식사 약속도 하고 지인들이나 제자들 만나서 즐거운 시간도 보내신다고 한다. 그리고 9시가 되면 어김없이 집에 돌아와 잠잘 준비를 끝낸 후, 간단하게 일기를 쓰고 이불에 누워 요를 덮고 하루 일과를 성찰하고 반성하면서 잠을 청하신다고 한다. 그러면서 나에게 다음과 같이 말씀하셨다.

나는 요즘 하루살이처럼 살아. 앞으로도 그렇게 살고 싶고. 나에게 일생一生은 일일一日일뿐이야. 그래서 나는 하루를 최선을 다해 열심히 살 뿐이고. 나의 좌우명이 뭔지 아나? "모를 뿐! 최선을 다할 뿐! 미래는 나에게 속한 것이 아니다"일세. 그래서 나에게 하루를 다 보내고 맞이하는 깊은 밤의 그 잠은 죽음의 연습이지. 이 밤이 지나면 아침을 맞이하듯, 언젠가 우리에게 찾아올 죽음을 지나면 영원한 생명의 아침을 맞이하지 않겠는가? 오늘 잠들어 내일 깨어나지 못한다고 할지라도 나는 후회 없는 오늘을 살고 싶네.

일생은 곧 일일이며, 잠은 죽음의 연습이며 오늘 잠들어 깨어나지 못한다고 할지라도 후회 없는 삶을 살아야만 한다는 스승의 말씀은 지금까지 나에게 크나큰 가르침으로 남아 있다.

## • 잠, 천진난만한 신뢰의 행위 •

잠을 잘 때 인간은 자신의 몸을 방어할 수 없는 무방비상태에 직면한다. 그래서 잠든 시간에 위험에 노출되면 대단히 치명적이고 불행한 사태를 맞을 수 있다.

잠자기가 쉽지 않다. 구약성서 「전도서」에 이런 말이 나온다. "막일을 하는 사람은 많이 먹든 적게 먹든 잠을 달게 자지만, 부자는 아쉬운 것 없어도 뒤척이기만 하며 제대로 잠을 못 이룬다."(「전도서」 5장 12절) 부자는 가진 것이 너무 많아 불안해서 잠을 못 잔다는 것이다. 과도한 욕심과 경쟁과 질투와 번민과 갈등과 불안을 가진 사람은 잠을 제대로 잘 수 없다. 그러므로 마음 편히 잠을 청할 수 있으며, 깊은 잠에 빠져들 수 있다는 것은 일상에 대한 천진난만한 신뢰의 행위이며, 인생이 자기 마음대로 좌지우지될 수 없다는 것을 겸손히 인정할 때 가능한 행위다. 그러기에 부부가 한 이불을 덮고 함께 잠을 청하는 것이야말로 가장 원초적인 신뢰 행위의 전형이라 하겠다.

미움과 불신 가운데 맞이하는 잠은 존재의 어두운 심연 속으로 빠져드는 불행한 경험이 아닐 수 없다. 이러한 잠은 불면증과 악몽과 두려움을 수반한다. 그러나 사랑과 신뢰 가운데서 맞이하는 잠은 안식과 평화와 기쁨의 시간이다. 이러한 잠은 쉼과 기쁨과 활력을 우리에게 제공해준다. 나는 그대들이 맞이할 수많은 밤들과 그대들의 잠이 안식과 평화와 기쁨으로 충만하기를 빈다.

# 호모 비오티쿠스의
# 귀환

우리의 삶은 일상의 행위로 구성되어 있다. 아니 삶 자체가 일상에 대한 이해이고 해석이 아닌가? 일상의 의미가 찾아지지 않으면 우리의 삶은 무의미라는 시멘트로 굳어질 수밖에 없다.

일상의 행위들은 우리의 삶을 구성하는 요소들이며 우리 존재의 깊은 내면에 영향을 미치는 차원들이다. 인간들을 좌우하는 것은 이데올로기가 아니라 원초적 일상이다. 일상이 인간의 삶을 지배하며 우리의 마음을 지배한다. 인간의 일상 속에 인간 생명의 숨결이 가슴시리도록 사무쳐 있다. 지금까지 인간에 대한 수많은 정의가 있어왔다. 호모 사피엔스Homo Sapiens(사유하는 인간), 호모 파베르Homo Faber(노동하는 인간), 호모 루덴스Homo Ludens(유희하는 인간), 호모 아도란스Homo Adorans(경배하는 인간〔종교적 인간〕), 호모 폴리티쿠스Homo

Politicus(정치적 인간), 호모 에코노미쿠스Homo Oeconomicus(경제적 인간) 등. 그러나 인간에 대한 이 모든 정의들은 '호모 비오티쿠스Homo Bioticus'(일상을 살아가는 인간), 즉 '먹고, 자고, 싸고, 하는 인간'이 거부되면 성립될 수 없는 개념들이다.

    작은 일 작은 옳음 작은 차이
    작은 진보를 소중히 여기십시오

    작은 것 속에 이미 큰 길로 나가는 빛이 있고
    큰 것은 작은 것들을 비추는 방편일 뿐입니다
    (박노해, 「길 잃은 날의 지혜」, 『사람만이 희망이다』, 느린걸음, 2015)


  그러므로 '먹고-자고-싸고-하는 인간', 즉 호모 비오티쿠스야말로 인간에 대한 수많은 정의들을 가능케 하는 가장 원초적이고 원색적인 정의가 아닐 수 없다.

  이 글의 목적은 우리 일상의 의미를 탐구하여 밝히고 드러내어서 일상을 살아가는 인간인 호모 비오티쿠스를 우리 삶으로 귀환시키려 하는 데 있다. 삶 속에 일상의 의미가 드러나서 일상의 가치가 회복되고, 너무나 분주하고 소모적이고 소비적인 삶으로 인하여 삶으로부터 추방되어버린 우리 일상의 의미가 삶 속으로 돌아올 때라야 비로소 호모 사피엔스, 호모 파베르, 호모 루덴스, 호모 아도란스, 호모 폴리티쿠스, 호모 에코노미쿠스 같은 인간에 대한 여러 다양한 정의들도 의미를 갖게 될 것이다. 우리는 일상을 형성하고 있는 원초적이고 본능적인 몸짓의 의미를 파악할 수 있는 감수성을 가져야 한다. 우리가 그런 감수성을 가졌을 때 우리 삶은 미화되지도 비하되지도 않은 채, 삶 그 자체로 소중하다는 사실을 깨닫게 될 것이다. 그리고 우리의 삶을 성찰하고 경축하는 법을 배우게 되리라. 그래서 독일의 시인 횔더린Johann Christian Friedrich Hölderin, 1770~1843은 다음과 같이 말할 수 있었다.

질문할 수 있다는 것은 기다릴 수 있다는 것을 의미한다. 게다가 삶이란 긴 것이다.[*]

일상은 기나긴 삶이고 질문이고 그리움이고 기다림이며 희망이다. 나는 이러한 질문과 기다림과 희망 속에서 호모 비오티쿠스의 귀환을 기다리는 모든 독자에게 이 책을 바친다.

[*]   J. C. F. Hölderin, *Aus dem Motivkreis der "Titanen"*, IV, 218: "Fragen können heißt: warten können, sogar ein Leben lang."

# 성스러움<sup>聖</sup>과
# 상스러움<sup>俗</sup>

나의 사상의 적

조르조 아감벤에게 경의를 표한다.

"오호! 적이여 너는 나의 용기이다."<sup>*</sup>

## • 거룩함의 의미 •

조르주 바타유Georges Albert Maurice Victor Bataille, 1897~1962는
존재의 처음 상태는 성스러움과 상스러움, 삶과 죽음이 분화
되지 않고 하나로 연결되어 있었다고 보았다. 고대 유대와 근

---

* 이 문장은 일제강점기를 살며, 문학과 혁명에 투신했으며, 해방 후 북한,
즉 조선민주주의인민공화국에서 미국의 간첩으로 몰려 형장의 이슬로 사라진
시인 임화(林和, 1908~1953), 본명 임인식(林仁植)의 묘비에 쓰인 글귀다. (김
훈, 『칼의 노래』, 문학동네, 2018, 390.)

동의 전통에서 성스러움, 곧 '거룩함'을 의미하는 히브리어 단어는 '카도쉬קדוש'인데, 원래 이 말의 사전적 의미는 '구분', '분리' 또는 '격리'다.

**거룩함**: '거룩함'이라는 말은 유대교Judaism의 전통에서 원래 인간을 포함한 삼라만상에 적용되는 말이 아니었다. 이 말은 일차적으로 오직 신에게 적용되는 개념이었다. 신이 이 세상과 전적으로 분리, 즉 구별되는 존재라는 것을 표현하는 유대종교철학의 숙어idiom가 곧 거룩함이었다.

**공간**: 그 후 거룩함의 개념은 공간과 그 공간 속에 놓여 있는 물건들로 확장되었는데, 1년에 한 번 대ㅊ속죄일에 대사제가 제사를 드리기 위해 들어갔던 성전 중앙의 '지성소至聖所, sanctum sanctorum*'를 거룩하다고 규정했다. 즉 지성소는 다른 공간과 구분된 신이 현존하는 거룩한 공간이다. 이 거룩하고 분리된 공간인 지성소 안의 물건들 또한 거룩한 것으로 간주되었다.

**시간**: 그러다가 신이 현존하시는 장소인 성전이 파괴된 후

---

\* '지성소'란 문자대로 옮기면 지극히 거룩한 장소라는 뜻인데, 성전 속에 신의 거처로서 특별히 성별되어진 거룩한 장소를 의미한다.

거룩함의 의미는 시간과 더불어 사유되었다. 신은 그 하시던 일을 일곱째 날에 마치셨다고 한다.(「창세기」 2장 2절) 신은 자신의 창조의 일을 여섯째 날에 마치신 것이 아니라 일곱째 날에 마치셨다는 것이다. 그래서 랍비들은 일곱째 날에도 신이 자신의 창조사역을 수행했다고 생각했다. 그렇다면 신이 일곱째 날에 무엇을 창조했단 말인가? 랍비들은 일곱째 날에 '메누하menuha', 즉 안식이 창조되었다고 말한다. "엿새 동안 창조가 이루어진 뒤에 무엇이 없었는가? 메누하(안식)가 없었다. 안식일에 신이 메누하를 창조하셨다. 그래서 우주가 완전해졌다."(Tosafot Sanhedrin 38a) 그러기에 신은 이 일곱째 날을 '메누하'의 날, 즉 '안식일Sabbath'로 성별하여 거룩하게 하였다는 것이다.(「창세기」 2장 3절) 유대인들은 안식일을 신이 거하시는 시간으로 보았다. 그래서 그들은 안식일을 시간 속에 있는 신의 성전이라고 불렀으며, 안식일의 시간을 거룩한 시간으로 규정했다.

특정 공간과 물건과 시간이 거룩할 수 있었던 것은 그것들이 신과 관계를 맺고 있으며, 신에게 속해 있었기 때문이다. 그런 의미에서 거룩함이란 신의 본질에 속하는 개념이었다. 이렇게 오직 신에게만 적용될 수 있던 거룩함이라는 개념이 장소와 물건과 시간으로 확장될 수 있었던 것은 신과의 관계 속에서 그것들이 거룩한 신에게 속해 있었기 때문이다. 유대의 전통이 거룩함의 영역을 세속의 영역과 구분 짓고자 했던 이유는 세속을 거부하거나 부정하기 위함이 아니었다. 세상의 근거, 즉 '세상의 원천fons mundi'이 거룩하다는 것, 그러기에 이 세상 속에 발생하는 수많은 모순에도 불구하고 세상의 모든 것들이 신의 거룩함과 맞닿아 있다는 것을 말하기 위함이었다.

## • 자본가치의 절대화는 거룩함의 의미를 해체했다 •

성스러움과 상스러움, 삶과 죽음, 영원과 시간은 구분할 수는 있지만 분리할 수는 없었다. 바타유의 말대로 그것들은 처음에는 하나로 연결되어 있었다. 이것을 허물어뜨린 것은 자본에 대한 숭배, 즉 자본주의의 흥기였다. 자본주의는 존재에 있어서 거룩함의 차원, 즉 제의적인 차원을 세속화시켰다. 더 이상 세속과 구별된 거룩함이라는 것은 그 자체만으로는 의미가 없는 것이 되어버렸다. 자본의 가치가 절대화되어버린 오늘날의 신자유주의 체제 속에서 종교적 제의Kult 내지는 성례(성사)Sacramentum sive Eucharis라는 것은 자본의 세계 속에서 성공하고자 하는 인간 욕망의 투사를 위한 도구와 수단이 되어버린 면이 강하다. 거룩함의 영역은 세속의 영역으로부터 구분됨으로써 더 이상 가치와 의미를 가진 영역이 아니라, 세속의 영역 속으로 환원되어 해체되고 말았다. 극단적인 자본 숭배는 거룩함을 극단적으로 세속화시켜버렸던 것이다. 성전은 박물관이나 술집이 되어버렸다. 성전의 물건들은 더 이상 제의 용도로 사용되는 물건이 아니라 박물관의 전시물 내지는 술집의 실내 장식 물품이 됨으로써 제의적 의미와 가치는 훼손되고 말았다.

## • 거룩함의 의미를 회복하지 못하면
## 일상의 가치는 허무의 나락으로 떨어진다 •

그렇다면 우리는 어떻게 성과 속의 연속성을 회복할 수 있을까? 그리고 철저히 세속화된 세계 속에서 성스러움의 의미를 재발견하고 우리의 일상, 즉 세속의 영역에서의 일들과 사건들의 이면에 도사리고 있는 거룩함의 차원을 탐색해보는 것이 왜 그렇게 중요한 일일까? 그 이유는 우리가 아무리 자본의 가치에 집착하고 그것을 성취하는 삶을 살아도 우리의 시간은 어김없이 지나가버리는 것이며, 우리의 부와 명예와 권력 또한 시간의 지나감 속에서 소멸하는 것이기 때문이리라. 그러므로 '상스러움das Profane'이라는 것, 즉 세속의 일들이 '성스러움das Heilige', 즉 거룩함의 영역과 맞닿아 있고, 양자가 밀접하게 연루되어져 있다는 것을 우리가 규명할 필요가 있다. 우리가 그것을 규명하지 못한다면, 우리 일상의 모든 가치는 허무와 무의미의 나락으로 떨어질 수밖에 없다.

'성스러움'이란 인간에게 대단히 독특한 인식적, 해석적, 가치적 범주다. 인간이 어떤 사건이나 대상 앞에서 성스러운 감정을 느낀다는 것은 인간의 선험적인transzendental 종교성의 발로라고 할 수 있다. 이 성스러움의 감정을 루돌프 오토 Rudolf Otto, 1869~1937는 '누미노제Numinose'라고 불렀다.[*] 이 누미노제는 실체를 파악할 수 없는 사건이나 대상에 대한 말할 수 없는 '두려움', 즉 '두려움의 권능tremenda majestas'에 대한 경험을 의미한다. 그러나 누미노제는 단지 공포나 무서움의 경험이 아니라 두려움 가운데 인간을 사로잡는 '매혹fascinans'에 관한 '경험Erfahrung'이다. 누미노제, 즉 거룩함의 경험은 우리를 압도하고 두려움과 전율 가운데로 몰아넣는 경악스러운 공포의 경험이기도 하지만, 그것은 단지 공포의 경험이 아니라 감각을 혼란케 하고, 황홀케 하고, 우리의 감각을 홀리

---

[*]  '누미노제'는 루돌프 오토가 『거룩함(Das Heilige)』(1917)에서 거룩함의 의미와 관련하여 설파한 개념이다.

며, 도취와 흥분 가운데로 몰고 가는 매혹das Fascinans과 경탄
das Wundervoll의 경험이기도 하다. 그래서 오토는 누미노제를
'두려움과 매혹의 신비mysterium tredmendum et fascinans'라고 불
렀다. 오토에 따르면 두려움과 매혹이라는 종교적 감정이 점
차 합리적 표상들로 도식화되면서 자비, 사랑, 정의, 은총 같
은 신학적이고 윤리적인 개념으로 구체화되었다고 한다. 그
럼에도 불구하고 원초적, 종교적 감정의 본질은 누미노제의
경험이지, 합리성을 앞세운 신학적이고 철학적이고 윤리학적
인 관념이나 사변이 아니다.

### • 성과 속의 관계 •

아감벤은 상스러움이 중요하다고 말한다. 그래서 그는 '성
聖'에 대항하여 '속俗'을 예찬한다. 누군가가 그의 철학을 한
마디로 요약해서 세속화 프로젝트라고 말한다 해도 결코 지
나친 언사가 아닐 것이다. 그는 거룩함 또는 이 세상에 부여
되어 있는 제의적인 질서를 신학이 사물이나 사건에 부과한
억압의 이념이라고 간주한다. 그의 세속화 프로젝트는 신학
이 사물에 부과한 억압의 이념을 해체하는 것이다. 아감벤은
신전에 격리된 물건을 일상에서 다시 사용하는 것을 '세속화
secularization'라고 정의한다. 그는 거룩함의 영역에 속한 모든

것을 세속화시키기를 원한다. 그는 신전이나 사원을 박물관으로 만들기를 원하며, 성전 내의 물건들을 본래의 제의 용도로 사용하기를 원치 않는다. 그는 그것들을 진열시키고 전시하여 판매하고 소비하기를 원한다. 여기에서 상스러움, 즉 세속의 중요성에 대한 필자와 아감벤의 주장 사이에 근본적 차이점이 드러난다. 아감벤은 집요하게 성스러움을 상스럽게 만들기를 원한다. 그 이유는 성스러움을 신학에 의해 주도된 사물에 대한 부당한 억압과 착취의 이념이라고 생각하기 때문이다. 그러나 나는 성스러운 것을 상스럽게 만들기를 원치 않으며, 상스러운 것들의 성스러운 차원을 해명하기를 원한다. 우리의 삶과 일상 속에 숨겨져 있는 거룩함의 의미를 캐내어 우리의 일상을 영원에 잇대어지게 하는 것이 나의 주된 관심사다. 아감벤이 성스러운 것들을 상스럽게 만들기를 원한다면, 나는 상스러운 것들을 성스럽게 만들기를 원하는 것이다. 그렇게 함으로써 우리 모두가 일상의 항구적인 의미로서의 영원의 차원을 함께 발견하고 향유하며 일상의 몸짓들과 그것이 형성시키는 일과 사건들 속에서 아프고도 아름답게 사무쳐 있는 영원의 차원을 발견하기를 원한다. 그것이야말로 우리가 삶의 의미를 발견하는 길이며, 삶 속에서 행복해지는 길이다.

성스러움에 대한 열망은 추한 것으로부터 아름다운 것으로, 혐오로부터 편견 없는 사랑으로, 두려움으로부터 신뢰로, 어두움으로부터 빛으로 나아가기 위한 염원이고, 열망이며, 시간의 세계로부터 영원의 세계로 진입하기 위한 고투다. 그러므로 우리에게 중요한 것은 성스러운 것을 상스럽게 하는 데 있는 것이 아니라, 상스러운 것을 성스럽게 하는 데 있다.

## • 일상은 영원과 맞닿아 있다 •

성스러움, 즉 거룩함은 비밀스럽고, 신비적이며, 인간의 오감에 포착되지 않으므로, 그 자체만으로는 우리에게 노출되지 않는다. 거룩함은 언제나 특별한 장소, 즉 '지성소'의 어두운 장막 속에 자신의 존재를 은폐시킨다. 그러므로 거룩함은 직접적으로 자기 스스로를 드러내는 법이 없다. 거룩함의 '드러남Erscheinung'은 언제나 간접적이다. 여기에서 한 가지 놀라운 사실은 이것이니 성스러움은 상스러움을 통해서만 자기 자신을 드러낸다는 것이다. 왜냐하면 성스러운 것은 상스러운 것을 관통하여 '현존diaphania'하기 때문이다. 그러기에 일상의 의미를 살피는 것은 일상이라는 창을 통하여 성스러운 것을 바라보고자 하는 염원이고, 그 염원을 성취하고자 하는 노력이다. 인간이 자신의 상스러운 몸짓의 의미를 통찰하게 될 때, 그리하여 상스러운 몸짓들이 영원과 맞닿아 있다는 사실을 깨닫게 될 때, 우리는 성과 속의 분리되지 않는 연속성을 깨닫게 될 것이다. 이것이 바로 프란츠 로젠츠바이크 Franz Rosenzweig가 시간의 순간들을 '영원으로 비상하는 도약판'이라고 말했던 이유가 아니었을까? "작은 것들은 큰 것들의 약속이며, 시간의 순간들은 영원으로 비상하는 도약판이다."* 우리가 일상성, 즉 상스러움 안에서in, 상스러움을 통하여durch, through, 상스러움을 넘어서über, over 성스러움이 존재한다는 사실을 자각하게 될 때라야, 비로소 우리는 일상의 의미와 가치의 소중함을 깨닫게 될 것이다. 그러므로 일상의 의미를 규명하고자 하는 시도는 일상의 순간들이 함의하는 영원의 차원을 통찰하기 위한 노력이며, 상스러움으로부터 성스러움을 발견하고자 하는 고투이며 헌신이다. 나는 이 책을 읽음으로써 이러한 고투와 헌신에 참여해준 독자에게 이 지면을 빌려서 머리 숙여 감사드린다.

---

\*    Jürgen Moltmann, *Das Kommen Gottes*, München: Chr. Kaiser, 1995, 53.

# 아감벤의 벌거벗음의 미학에
# 대항하여

주님, 당신은 항상 아름다우시고,

결코 추한 적이 없으시오며, 변함도 없으시나이다.

항상 아름다우신 당신이 더럽고 추한 우리를 먼저

사랑하셨을 때 우리는 어떠하였습니까? (……)

우리가 어떻게 아름다워질 수 있겠습니까?

항상 아름다우신 당신을 사랑함으로써입니다.

우리가 당신을 사랑함으로써 사랑은 우리 안에서 커가며,

아름다움도 커가나이다.

(아우구스티누스, 『파르토스에게 보낸 요한서간 강론In Epistolam Joannis
ad Parthos tractatus』

## • 아감벤 미학과 여우 미학의 차이 •

지금부터 아감벤 미학과 여기에 대항하는 여우如愚* 미학의 차이를 말해볼까 합니다. 아감벤은 일단 '성스러움', 즉 '거룩함'이라는 개념에 대하여 트라우마가 있는 것 같습니다. 왜냐고요? 아감벤 미학의 출발점이 인간이 가지고 있는 성스러움(거룩함)이라는 개념을 비판하는 것에서 시작되거든요. 왜 있잖습니까. 우리가 산에 올라가 우리 눈에 확 펼쳐지는 절경을 보면 온몸에 소름이 돋고 아찔해지는 경험 같은 것 말입니다. 이 것을 종교철학에서는 '두려움과 매혹의 신비mysterium tremendum et fascinans'라고 합니다.** 제 친구는 미국에 가서 그랜드 캐니언을 보고 이런 걸 느꼈다더라고요. 저는 어릴 적에 텔레비전 영화에 나오는 미국 여배우 엘리자베스 테일러Elizabeth Taylor, 1932~2011를 보고 이런 느낌을 받았던 적이 있습니다. 이렇게 '성스러움'이란 건 철학적인 개념이 아닙니다. 그건 사물이나 대상에 대한 느낌이거든요. 우리가 여성 아이돌의 '아우라'를 느낄 때 '여신' 같다고 하잖습니까? 그래서 '성스러움'이란 일

---

\*    '여우'라는 말은 같을 '여(如)', 바보 '우(愚)'를 써서 '바보와 같다'라는 뜻인데 필자의 아호(雅號)다.

\*\*    참조. 루돌프 오토 지음, 길희성 옮김, 『성스러움의 의미』, 분도출판사, 2009, 47~48, 79~91.

종의 이런 느낌인데, 아감벤은 성스러움을 느낌으로 안 보고 개념으로 보거든요. 개념 알지요? 개념! 철학이나 수학 같은 것을 공부해보면 수많은 개념들이 나오지 않습니까? 근데 인간에게 성스러움 곧 거룩함이란 느껴질 수 있을 뿐입니다. 이것은 개념이 아니고 수학공식 같은 것이 아닙니다. 그냥 '느껴지는 것Gefühl'이지요.

## • 거룩함은 느낌이지 개념이 아니다! •

원래 성스러움, 즉 거룩함sanctitas, das Heilige이라는 것은 개념이 아니고 느낌이라고 누차 말씀드립니다. 그런데 아감벤은 거룩함을 개념으로 이해합니다. 그것도 이데올로기로 말입니다. 아감벤의 말로는 '거룩함'이라는 개념은 사제계급이나 제의집단이 사물을 억압하기 위해 사물에 뒤집어씌운 억압의 이데올로기라는 것이지요. 어떻습니까? 동의가 되십니까? 아감벤이 이런 생각을 왜 하게 되었을까요? 저는 아감벤이 분명히 특정 종교로부터 받은 트라우마가 있지 않았을까 하고 추측해봅니다. "거룩함이라는 것은 사물과 대상을 억압하는 이데올로기다." 아감벤의 이런 주장은 중세의 마녀사냥 같은 케이스에는 해당될 수 있는 이야기지요. 그렇게 보면 중세시대에 '거룩함'이라는 것이 사제계급의 지배 이데올로기로 악용된 것은 맞습니다. 그럼에도 불구하고 거룩함은 '이데올로기'가 아니고, '느낌Gefuehl'이라고 말씀드립니다. 저는 이에 대해서 한 발짝도 아감벤에게 양보할 생각이 없습니다. 인간이 성스러움, 즉 거룩함을 인지하는 것은 느낌을 통해서이지 개념을 통해서가 아닙니다. 거듭 말씀 드리지만 거룩함이란 건 수학공식이나 철학개념 같은 것이 아닙니다.

저는 어릴 적에 부산 광안리 바닷가 근처에서 살았습니다. 바다라는 것이 평소 날씨가 좋을 때는 그렇게 평화스럽고 포근하게 보일 수가 없습니다. 근데 태풍이 불 때 바다에 가본 적 있으신가요? 그때 바다에 나가서 휘몰아치는 파도를 보면 제 말이 무슨 말인지 알 것입니다. 정말 무섭습니다. 말로 다할 수 없는 공포와 전율이 느껴지지요. 그 요동치며 솟구치는 파도를 보고 있노라면 정말 당장이라도 바닷속으로 빨려 들어갈 것 같은 느낌이 듭니다. 이게 바다에 대한 저의 경험입니다. 거대한 용들이 바닷속에서 격렬하게 싸우며 요동을 치는 것 같은 느낌이 들지요. 이걸 독일의 신학자이며 철학자인 루돌프 오토Rudolf Otto, 1869~1937는 '누미노제Numinose'라고 불렀습니다.* 그리고 이 누미노제야말로 성스러움, 즉 거룩함의

---

* 참조. 루돌프 오토, 『성스러움의 의미』, 37~40.

경험이라는 것입니다. 누미노제를 풀어서 말하면 '두려움과 매혹의 신비mysterium tremendum et fascinans'라고 합니다. 그런데 '두려움과 매혹의 신비'는 단순한 공포나 두려움이 아닙니다. 두려운 가운데 인간을 사로잡는 매혹의 경험이지요. 두려움 속에서 느끼는 황홀함이라고도 할 수 있지요.*

저의 대학 시절의 경험입니다. 그때가 한겨울이었는데, 지금은 정형외과 의사를 하고 있는 나의 친구 이상훈**하고 설악산에 간 적이 있습니다. 그때 우리는 함께 '비선대飛仙臺'라는 곳을 등정했었지요. 참 좋았던 시절입니다. 그때 눈이 엄청 와 있었는데, 정상에 올라가니까 정말 절경이더라고요. 온 세상이 하얀 게 그곳은 설국雪國이었습니다. 그런데 시선 저편으로 깎아지른 천 길 낭떠러지가 보이는 게 아니겠어요? 그곳을 보는 순간 온몸에 소름이 돋고 공포와 전율이 느껴지는 것이었습니다. 하지만 그건 단지 공포가 아니었습니다. 그 광경은 무지하게 멋있었고, 정말 나를 홀리는 비경秘境이었지요. 누미노제는 이런 두려움과 매혹이 교차되는 신비로운 느

---

* 참조. 루돌프 오토, 『성스러움의 의미』, 79~91.
** 나의 죽마고우인 이상훈 원장은 현재 부산 오천장에서 '조은어깨동무정형외과'를 운영하고 있다. 그는 정형외과 중에서도 어깨 치료의 스페셜리스트이며 늘 독서를 게을리하지 않는 호학지사다.

낌을 의미합니다. 지성과 정서와 의지를 송두리째 빨아들이는 강렬한 느낌이지요. 이것은 결코 개념일 수 없습니다. '성스러움', 즉 '거룩함'이라는 것은 인간의 원초적인 느낌입니다. 두려움과 매혹으로 다가오는 거부할 수 없는 강렬하고 격렬한 느낌이지요.

제가 보기에 아감벤은 '성스러움', 곧 '거룩함'이 원래 원초적인 인간의 경험이라는 것에 대한 이해가 부족합니다. 그래서 거룩함을 자꾸 개념으로만 보려 하는 것입니다. 그는 진정으로 거룩함을 경험해본 적이 없는 것 같습니다. 그래서 그는 단지 머리통으로만 거룩함에 대해서 생각하는 거겠지요. 거룩함에 대한 인간의 경험은 정말 말로 다 할 수 없이 강렬한 것입니다. 그런데 이러한 경험이 지나가고 시간이 지나면서 그러한 강렬한 경험에 대하여 인간이 머리를 굴려 생각하게 되는 것이지요. 이 '경험의 실체는 뭘까?', '이 경험을 어떻게 정의할 수 있을까?' 뭐 이런 식으로 말입니다. 그리고 자신이 경험한 거룩함의 느낌을 느낌으로 놓아두지 않고 개념화하려고 듭니다. 원래 느낌이나 생각을 개념화하려고 하는 것은 이성을 가진 인간의 병이거든요. 특히 가방끈이 길수록 개념병 환자들이 많습니다. 그래서 거룩함이라는 그 두렵고, 감각을 혼란케 하고, 황홀케 하며, 우리를 홀려놓았던 그 신비로운 경험을 자비, 사랑, 정의, 평화 같은 윤리적 범주로 개념화시키는 것입니다. 그러니까 거룩함을 사물에 뒤집어씌운 억압의 이데올로기라고 주장하는 아감벤의 견해는 거룩함을 윤리적 범주로 개념화시킬 때 발생할 수 있는 위험성에 대한 경고일 수는 있겠지요. 그러나 거룩함 자체는 개념도 이데올로기도 아닙니다. 그것은 우리의 경험이고 느낌입니다.

성스러움, 즉 거룩함을 사물에 대한 억압적 이데올로기로 보는 아감벤의 견해는 사물을 매우 자본주의적으로 보게 만듭니다. 아감벤은 '신新마르크스주의자Neo-Marxist'로 알려져 있기는 한데, 제게는 극단적 이윤을 추구하는 신자유주의의 엑스맨X-Man인 것 같은 느낌입니다. 아감벤이 들으면 아니라고 펄쩍 뛰겠지만 말입니다. 그리고 제가 볼 때 아감벤의 거룩함에 대한 이해는 사물이나 대상을 매우 포르노적인 것으로 보게 만드는 것 같습니다. 이게 뭔 말이냐고요? 아감벤이 그렇게 선정적이냐고요?

### • 세속적 인간이냐, 거룩한 인간이냐? •

요즘 미학Ästhetik의 중요한 주제가 무엇인지 아세요? '세속화secularization'입니다. 모든 걸 세속적으로 봐야 한다는 것이지요. 이러한 미학적 입장을 주도한 인물이 아감벤입니다. 그래서 아감벤은 사물이나 대상의 배후에 도사리고 있는 거룩함의 차원을 공격하는 것부터 자신의 논리를 펼쳐나가는 것입니다. 누차 말하지만 아감벤은 '거룩함', 즉 '성스러움'을 개념이라고 봅니다. 그리고 이 거룩함이라는 개념은 사제 집단이 사물을 억압하기 위해 고안해낸 이데올로기라고 주장하지요. 그러나 거룩함을 개념으로 보는 아감벤은 완전히 헛다리를 짚고 있는 것입니다. 누차 말하지만 거룩함은 느낌이지 개념이 아닙니다. 이 사실은 아무리 강조해도 지나치지 않습니다.

그런데 인간이 사물이나 대상과 마주칠 때 거룩함을 왜 느낄까요? 이걸 좀 생각해봐야 합니다. 그것은 나와 마주치는 대상, 이 양자 모두가 거룩함의 차원을 가지고 있기 때문이 아니겠습니까? 나이아가라 폭포를 보고 숨이 멎는 이유 또한 그 때문이지요. 그 거대한 장관 앞에서 우리는 두려움과 매혹을 느끼잖습니까? 단지 무서운 게 아니잖아요? 무섭지만 매우 아름답고 매혹적이지 않습니까? 그런데 이런 생각해보셨나요? 나이아가라 폭포가 아무리 거룩함의 차원을 가지고 있어도 내가 거룩함을 느끼지 못하면 말짱 꽝이잖습니까? 그렇지요? 그래서 우리는 이런 결론에 도달하는 것입니다. 나이아가라 폭포가 가진 거룩함의 차원을 느낄 수 있는 그런 거룩함의 차원이 우리 내면 안에도 있다는 것입니다. 아우구스티누스는 우리 내면 안에 있는 이러한 성스러움, 즉 거룩함의 차원을 '내면의 빛lumen interna'이라 불렀고, 칼뱅Jean Calvin은 '종교의 씨앗samen religionis'이라고 불렀습니다.*' 왜 동기감음同氣感應이라고 하지 않습니까? 서로 감응할 수 있는 차원이 서로에게 있는 것이지요. 그래서 우리는 나이아가라 폭포를 보고 누미노제를 느끼는 것입니다.

그러니까 인간만이 자신의 내면뿐만 아니라 이 세상 속에 아프게 사무쳐 있는 거룩함의 차원을 볼 수 있는 눈을 가지고 있다고 봐야겠지요. 왜 거룩함이 아프게 사무쳐 있냐고요? 이 세상에 아픔이 많잖아요? 부서지고, 다치고, 상처입고⋯⋯. 그래서 전 그렇게 생각합니다. 거룩함은 이 세상 속에서 상처 받은 대상과 사물 속에 상처 받은 형식으로 아프게 사무쳐 있다고⋯⋯. 그러므로 루터Martin Luther는 예수의 십자가 처형을 묵상하면서 신의 거룩함과 전능함은 십자가 아래에 감추어져 있다고 묘파했던 것입니다. 그러기에 약한 것, 아픈 것, 죽어가는 것 속에 아프게 사무쳐 있는 거룩함의 차원을 직시할 수 있는 눈, 즉 '성스러운 눈oculus sanctus'이 우리

---

* J. Calvin, *Institutio Christianae Religionis*, I, 5, 1.

에게 있기를 바랍니다.

우리가 너무 많이 상실하기는 했지만, 이 세계와 우리 내면에 있는 거룩함을 볼 수 있는 눈을 회복할 수 있다면 우리가 만나고 마주치는 사람과 사물을 결코 함부로 대하지 않을 것입니다. 사람은 말할 것도 없고 개나 고양이나 풀 한 포기, 나무 한 그루까지도 소중하게 대하지 않겠습니까? 왜냐고요? 다 거룩한 차원을 가진 성스러운 존재들이니까요. 저는 이러한 눈을 가진 인간을 '호모 상투스Homo Sanctus'(거룩한 인간)라고 부르고 싶습니다. 그리고 이것은 아감벤이 말하는 '거룩함'에 대항하는 '세속화'의 미학과는 정반대의 미학적 시각인 것입니다. 전 이런 시각을 우리가 회복할 때라야 돈이면 다 된다는 이 돈지랄하는 미친 세상에서 그것에 저항할 수 있는 전기를 마련할 수 있다고 생각합니다.

전 세계 속에 거룩함의 차원을 거세해야 한다는 아감벤의 주장은 매우 포르노적이고, 지극히 자본주의적인 시각이라고 봅니다. 전 여러분이 대상과 사물을 대할 때 그것들 속에 사무쳐 있는 거룩함의 차원을 볼 수 있는 성스러운 눈, 즉 거룩한 눈을 가질 수 있기를 바랍니다. 이것이 제가 말하고 싶은 '호모 상투스'로서의 인간입니다.

## • 포르노 미학에 대항하는 거룩함의 미학 •

이제부터 아감벤의 벌거벗음의 미학이 왜 포르노적인지 생각해보고자 합니다. 이미 앞에서도 말씀드렸지만 아감벤은 '거룩함', 즉 '성스러움'을 특정 제의집단이나 사제계급이 사물에 부과한 억압의 이데올로기라고 주장하지요. 그래서 아감벤은 기본적으로 성전이나 사원 같은 거룩한 장소를 인정하려고 들지 않습니다. 이런 장소들 자체가 사제계급의 조작질이라고 보지요. 그래서 아감벤은 성전을 박물관이나 술집으로 만들어야 한다고 주장합니다. 아주 골 때리지요? 그런데 아감벤은 이러한 주장에만 멈추지 않고 한 걸음 더 나아가서 성전에 있는 성물들을 박물관에 전시하거나, 그것들로 술집을 꾸미거나 쇼윈도에 진열하여 팔아 먹어야만 한다고 주장합니다. 그렇게 할 때 사제계급이 사물에 부과한 억압의 이데올로기인 '성스러움', 즉 '거룩함'으로부터 인간을 완전히 해방시킬 수 있다는 것입니다.

아감벤은 성스러움을 비판하는 것과 같은 방식으로 옷 입는 것도 비판합니다. 옷 또한 지배계급이 인간의 몸에 부과시킨 억압의 이념이라는 것이지요. 아감벤이 이렇게 생각하는 이유가 뭘까요? 그건 고대로부터 중세를 거쳐 계몽주의에 이르기까지 인간에게 의복이라는 것은 자신이 속한 계층의 신분질서를 드러내 보여주는 기능을 했기 때문이지요. 그래서 아감벤은 이러한 옷이 부과한 억압의 이념으로부터 해방되는 길은 '벌거벗음'이라고 주장했지요. 어떻습니까? 나름 상당히 대찬 주장이지요? 뭐 이 정도면 로커가 하드록으로 질러 재낀 굉음 같은 강력한 주장 아니겠습니까? 원래 사상이라는 것이 주장하는 자가 과격하게 내지르면 추종자들을 얻기 마련입니다. 마음이 심약한 사람일수록 더 큰 영향을 받지요.

그러나 성전을 박물관이나 술집으로 만들고 성전에 있던 성물을 진열하고 판매하자는 주장이나, 옷을 억압의 이데올로기로 간주하고 그것으로부터의 해방을 벌거벗음에서 찾는 아감벤의 주장은 지극히 자본주의적이며 포르노적인 것입니다. 이러한 그의 주장이 받아들여지는 순간 세계와 몸에 대한 존엄과 시문학적인 서사는 깡그리 사라지고 말 것입니다. 성전을 박물관으로, 술집으로, 쇼윈도로 만들자? 그리고 성전에 있던 거룩한 물건들을 박물관에 전시하고, 술집을 장식하고, 쇼윈도에 전시해서 팔자? 입은 옷을 벗어 던지고 전라로 거리를 돌아다니고 활보하자? 그 실오라기 하나 걸치지 않은 전라에 투명하고 밝은 빛을 비추어 쇼윈도에 전시하자? 성물을 쇼윈도에 전시하여 팔자는 사고나, 사람을 벌거벗겨 전시하고 소비하자는 사고가 포르노적인 사고가 아니고 무엇입니까? 이게 즐거운 사고입니까? 아름다운 사고입니까? 고상한 사고냐고요. 이것은 포르노적인 사고일 뿐입니다. 안 그렇습니까? 실오라기 하나 걸치지 않고 몸을 드러내 그것을 진열하고, 소비하고, 판매하는 것은 '포르노그래피'이지 에로티즘이 아닙니다. 투명한 광선이 무자비하게 포획하는 육체는 가련할 수는 있어도 결코 아름다울 수 없습니다.

에로티즘이 빛이 연출하는 드러남과 감추어짐의 예술이라면 포르노그래피는 투명하기만 한 방사선의 난교일 뿐입니다. 그래서 성전을 술집으로 옷 입는 인간을 벌거벗는 인간으로 만듦으로써 세속화시켜 해방을 말하는 아감벤의 미학은 포르노적인 것이라고 말씀드리고 싶습니다. 이러한 미학은 이 세상으로부터 시문학적이고, 회화적인 서사를 해체시켜버리고 말 것입니다. 저는 아감벤을 읽으면서 울었습니다. 이런 주장에 매료되는 내 시대가 너무 불쌍해서……. 그의 논리를 받아들이면 시문학의 종말을 의미하는 것입니다.

우리는 일상과 사물 속에 사무쳐 있는 거룩함의 차원을 바라볼 수 있어야 합니다. 옷에 의해 이루어지는 몸의 가려짐과 드러남의 변증법이 형성시키는 몸에 대한 아름다운 서사를 볼 수 있어야 합니다. 저는 이러한 시각을 가진 인간을 '호모 상투스'(거룩한 인간)라고 부릅니다. 그리고 우리 모두가 호모 상투스이기를 바랍니다. 갑자기 가수 조동진[1947-2017]의 〈행복한 사람〉의 노랫말이 떠오르네요.

울고 있나요? 당신은 울고 있나요?

아하! 그러나 당신은 행복한 사람.

아직도 남은 별 찾을 수 있는 그렇게 아름다운 두 눈이 있으니.

### • 아감벤이 거룩함을 지배 이데올로기로 보는 이유 •

지금 우리는 아감벤 철학의 중요한 개념인 '세속화'에 대하여 생각해보고 있는 중입니다. 아감벤 철학은 한마디로 세속화 프로젝트라고 말해도 과언이 아닐 것입니다. 그런데 저는 아감벤에 대항하여 성스러움, 즉 거룩함은 '개념'이 아니라 '느낌'이라고 맞받아쳤지요. 아감벤은 종교가 말하는 '거룩함'이란 건 제의집단이나 사제집단이 자신들의 권력을 행사하기 위하여 사물에 뒤집어씌운 이데올로기로 본다고 제가 누차 말씀드렸습니다.

거듭 강조하지만 성스러움, 즉 거룩함은 느낌이지 개념이 아닙니다. 근데 아감벤은 거룩함을 개념으로 보는 것도 모자라 이데올로기라고 합니다. 근데 아감벤이 왜 그렇게 주장하는지 생각해본 적 있으십니까? 그건 아감벤이 특정 종교집 단에게 받은 트라우마일 수도 있겠지요. 그 가능성도 배제할 수는 없다고 봅니다. 그렇지만 아감벤이 거룩함을 단순히 지배 이데올로기로 보는 데는 포이어바흐Ludwig Andreas Feuerbach, 1804~1872나 마르크스의 종교비판을 너무 무비판적으로 받아들인 결과라고 봐야 합니다. 포이어바흐의 종교비판은, 종교란 인간 욕망의 투사(투영)Projektion라는 것이지요! 어렵지요? 그럼 예를 들어 설명해보도록 하겠습니다. 옛날에 제 친구가 법대를 다녔는데 학부 1학년 때부터 미친 듯이 사법고시 공부를 했지요. 그런데 번번이 미역국인 것입니다. 나이 40이 넘을 때까지 포기하지 않고 집요하게 시험을 봤는데 끝끝내 낙방이었지요. 약 20년 세월을 고시공부에 매진했으니 여간한 집념이 아니었더랬지요. 고시공부 한창 하던 시절에 이 친구를 만나 잠시 이야기를 나누어봤는데 상태가 상당히 심각했습니다. 이 친구한테는 정말 미안한 이야기지만 저는 이런 친구는 절대로 사법고시에 붙으면 안 된다고 생각했지요. 왜냐고요? 고시공부의 동기가 너무 불순한 겁니다. 뭐 고시공부의 목적이 '입신양명立身揚名'에 있다? 그 정도야 동기불순이라고까지는 볼 수 없다고 봅니다. 이름 내고 출세하는 것을 싫어할 사람은 잘 없잖아요? 근데 이 친구가 고시공부를 하는 목적은 고시에 합격해서 판검사가 되면 자기가 예쁜 여자들을 줄 세워서 마음대로 할 수 있다는 것입니다. 이 친구에게 그런 미래에 대한 환상이 있더라고요. 그런 자신의 욕망의 투사체가 판검사였던 것이지요. 한마디로 내 친구지만 정신 나간 녀석이었습니다. 전 그때 이런 생각을 했어요. 이 친구가 어떻게 하다가 이 지경까지 망가졌을까? 한편으로는 측은했지만, 다른 한편으로는 이런 녀석은 절대 법관이 되면 안된다고 생각했지요. 제 친구가 이런 생각을 한 데는 이유가 있긴 합니다. 대학 시절부터 그 나이 될 때까지 여자 한 번 변변히 사귀어보지 못한 데다가 자기가 마음에 두었던 여자들에게 번번이 차였거든요. 그러다 보니 안 그래도 외모 콤플렉스가 있었던 이 친구는 여자들에 대한 복수심과 욕망 때문에 미래의 희망을 판검사에 '투사'시켰던 것이지요. 그래서 이 친구의 욕망의 '투사체'는 판검사였던 것입니다. 바로 이게 포이어바흐와 마르크스의 종교비판의 핵심입니다. 종교란 욕망의 투사로부터 생겨났다는 것이지요. 그러니까 신이나, 신성이나, 거룩함 같은 개념이 인간 욕망의 투사라는 것이지요. 이러한 이론을 내 친구에게 적용하면 그 친구에게 신에 해당하는 것은 판검사가 되겠지요. 포이어바흐에 따르면 인간은 자신의 욕망 때문에 그 욕망을 이루어줄 슈퍼마초로서 신을 만들었다는 것입니다. 그래서 마르크스는 종교를 '민중의 아편Opium des Volks'이라고 불렀지요. 제가 이들 이론에 동의하냐고요? 절대로 동의하지 않습니다. 제가 이 이론에 동의하면 아감벤을 비판하겠습니까?

전술한 제 친구의 예에서 보듯이 종교를 인간 욕망의 투사로 보는 포이어바흐의 견해가 아주 터무니없는 것은 아닙니다. 나름 일리는 있습니다. 그런 인간들이 요즘 같은 세상에 넘쳐나는 것도 사실입니다. 자신의 욕심과 욕망을 신의 이름에 투영(투사)하는 것은 신의 이름을 빙자하여 자신의 욕망을 경배하는 짓이지요. 이런 비판을 누가 한 줄 아세요? 종교개혁자인 칼뱅입니다. 칼뱅은 이런 종교적 투사를 아주 극악무도한 우상숭배라고 신랄하게 비판했습니다. 칼뱅이 자신의 저서 『기독교 강요』에서 뭐라고 말하는지 직접 들어볼까요?

이와 같이 자신의 거짓된 의식으로 하나님께 예배드리는 자들은 모두 자기 자신의 망상을 예배하며 찬양한다. 만일 그들이 처음에 어리석고 경박한 생각에 알맞은 신을 만들어내지 않았더라면, 결코 그러한 방법으로 하나님을 대하지 않았을 것이다. (……) 적어도 이러한 상황 속에서는 유일신을 생각하든, 다신을 생각하든 그런 것은 그렇게 큰 문제가 되지 않는다. 왜냐하면 (……) 저주받을 우상 외에는 우리에게 남아 있는 것이 없기 때문이다.*

칼뱅에 비추어보더라도 포이어바흐의 종교비판이나 그것을 계승한 아감벤이 아주 틀렸다고 할 수는 없습니다. 전 인정할 건 쿨하게 인정합니다. 그럼에도 불구하고 포이어바흐와 아감벤의 문제는 그들의 주장이 너무 일방적이라는 데 있습니다.

아감벤은 종교를 인간 욕망의 투사라고 보는 포이어바흐의 입장을 무비판적으로 수용하기 때문에 '거룩함'에 대해 자꾸 이데올로기적으로만 생각하는 것입니다. 그래서 아감벤은 신의 이름에 투사된 인간 욕망을 자신들의 구미에 맞게 조종하기 위하여 사제계급에 의해 조작된 이데올로기가 '거룩함'이라고 본 것이지요. 그런데 아감벤의 견해는 반은 맞을 수 있지만 반은 맞는 말이 아닙니다.

누누이 말씀드리지만 인간에게 거룩함, 즉 성스러움은 원래 개념이 아닙니다. 그것은 원초적인 느낌입니다. 저는 슈베르트Franz Schubert, 1797~1828의 〈독일미사Deutsche Messe〉(1827)

---

\* J. Calvin, *Institutio Christianae Religionis*, I, 4, 3.

라는 곡을 들으면서 머리털이 쭈뼛 서고 몸에서 소름이 돋는 경험을 한 적이 있습니다. 성스러움, 곧 거룩함을 느꼈던 것이지요. 근데 그게 개념입니까? 아니지 않습니까? 그건 느낌입니다. 느낌 맞잖아요? 인간의 거룩함에 대한 원초적인 경험은 느낌이지 개념이 아닙니다. 그렇지요? 다들 동의할 것입니다. 그러니까 인간에게 있어서 거룩함은 1차적으로 느낌이었던 것입니다. 그런데 이러한 느낌이 지나가고 난 후에 인간은 자신이 느꼈던 그 거룩함에 대한 느낌을 성찰하여 개념화하려 하지요. 그러한 개념화를 통해서 자신이 경험한 느낌을 보존하고 전수하고자 하는 욕망이 인간에게 있거든요. 그래서 거룩함에 대한 개념화 작업이 발생하는 것입니다. 진리, 정의, 사랑, 뭐 이런 윤리적 범주를 사용해서 거룩함의 느낌을 개념화하는 것이지요. 바로 여기에서 거룩함에 대한 '개념'이 2차적으로 형성되는 것입니다. 그러니까 1차적으로는 거룩함이란 건 느낌입니다. 거룩함을 개념으로 보는 건 2차적인 것이고요 그리고 거룩함이 개념화되어 특정 종교집단이나 정치집단에게 이용되었을 때 3차적으로 거룩함이 이데올로기로 악용되는 것입니다. 중세의 '마녀사냥'이나, '십자군 전쟁' 같은 것이 거룩함을 이데올로기로 악용한 실례라고 하겠습니다.

그러니까 성스러움, 즉 거룩함을 지배 이데올로기로만 보는 아감벤의 견해는 인간의 원초적 경험이라 할 수 있는 거룩함이라는 느낌에다 함부로 적용할 수 있는 논리가 아닙니다. 다만 그의 이론은 거룩함에 대한 원초적 경험이 개념화될 때 발생할 수 있는 위험성에 대한 해석학적 반성 내지는 경고로 볼 수는 있겠지요. 이런 측면에서 본다면 아감벤의 견해는 아주 틀렸다고 할 수는 없습니다. 그런데 그는 거룩함을 덮어놓고 일방적으로 지배 이데올로기라고 매도해버리지요. 이러한 일방성이 아감벤의 문제인 것입니다. 바빙크Herman Bavinck 는 말했지요. "극단은 진리의 전체를 보지 못한다"라고요. 극단이 문제입니다. 아감벤의 극단은 진리의 전체를 볼 수 없게 만듭니다.

# 몸과 세계의 상호지향성은
# 어떻게 삶과 사유를 형성시키는가?

하이데거Martin Heidegger는 인간을 '세계 내적 존재In-der-Welt-Sein'라고 규정했다. 그러나 인간을 세계 내적인 존재로만 규정하면 이 세계는 인간의 몸 외부에 설정되어져 있는 인간의 활동을 위한 무대일 뿐이라는 인상을 피할 수 없다.

인간은 세계 속에 있는 존재, 즉 세계 내적 존재이기도 하지만 자신 밖에 있는 세계를 향하는 존재, 즉 '세계를 지향하는 존재Zu-der-Welt-Sein'이기도 하다. 그런 의미에서 인간의 몸과 세계 사이에는 '상호교호성相互交互性' 및 '상호교차성相互交叉性'과 더불어 '상호지향성相互指向性'이 존재한다. 몸이 세계를 향하여 세계를 지향함으써 세계 안에서 '삶vita'을 형성시킨다면, 세계는 몸을 향하여 몸을 지향함으로써 몸속에서 '사유cogitatio'를 형성시킨다.

몸과 세계가 상호지향성을 가진다는 점에서 몸은 정적인 몸이 아니라 운동하는 몸이며, 세계 또한 정적인 공간이 아니라 운동하는 공간, 즉 요동치는 공간이다.

그리고 몸속에서 형성된 사유 또한 밖을 향하여ad extra 나아가 자신을 세계 속에 현존시키고자 한다. 그렇게 함으로써 사유는 세계 속에서 삶을 구성하는 요소가 된다. 이것을 메를로-퐁티Maurice Merleau-Ponty, 1908~1961는 사유의 "현존적 운동"이라고 불렀다.

그렇다면 사유는 어떻게 밖을 향하여 세계 속으로 진입할 수 있는가? 그것은 사유가 몸속에서 '몸화(체화)體化, incarnatio' 됨으로써 가능하다. 우리의 사유가 몸속에서 몸화되었을 때, 몸속에서 몸화된 사유는 몸의 행위를 통하여 세계 속에 자신을 발현시켜 삶을 구성하고 변화시키며 세계를 새롭게 형성시키는 삶의 요소가 된다.

그런 의미에서 몸을 배제하는 모든 관념철학은 몸을 멸시하는 영지주의의 철학적 변용일 뿐이며, 그러기에 몸이 없는 유령철학이다.

# 저자와의
# 대담[*]

**Q1.** 이 책에서 저자께서 말씀하시는 '호모 비오티쿠스'는 인간의 존재 양식입니까? 아니면 인간이 추구해야 할 이상입니까?

**A1.** 호모 비오티쿠스는 호모 사피엔스, 호모 파베르, 호모 루덴스 등과 같이 특정한 철학적 사유 과정의 결과로서 나온

---

[*] 이 대담은 총신대학교 신학과에서 신학을 공부한 후 현재는 한국예술종합학교에서 연극이론을 전공하고 있는 나의 제자 노진호 군이 본서를 읽고 나와 대화한 내용이다. 노진호 군은 최근에 「남자의 기원」이라는 연극 대본을 써서 극작가로 데뷔하였다. 이 작품은 '2022년 K-Arts ON-Road 창작공모사업 선정작'으로서 2022년 9월 16~17일에 극장 '을지공간'에서 초연되었다. 진호 군은 언제나 열심히 공부하는 호학지사이며 번뜩이는 통찰력을 가진 장래가 촉망되는 젊은 극작가다. 진호 군을 보노라면 우리나라 연극계의 미래가 어둡지 않다고 생각된다. 대담은 2022년 8월 13일 토요일 18:04~19:22에 이루어졌으며, 대담 장소는 서울 신대방동에 소재한 필자의 연구실이다.

인간에 대한 정의가 아닙니다. 호모 비오티쿠스는 밥 먹고, 잠자고, 똥 누고, 일하고, 섹스하는 원초적이고 원색적인 인간에 대한 표현입니다. '비오티쿠스bioticus'라는 라틴어 자체가 '일상을 살아가는'이라는 뜻입니다. 그래서 호모 비오티쿠스란 '일상을 살아가는 인간'이라는 소박한 뜻입니다. 이는 먹고, 자고, 싸고, 섹스하는 일련의 행위들 속에서 삶을 영위하는 인간에 대한 서사이자 정의입니다. 현상학적으로는 '생활세계Lebenswelt' 안에서 살아가는 인간의 모습을 표현한 말이라 하겠습니다. 그런 의미에서 호모 비오티쿠스는 인간의 존재 양식을 뜻하기도 합니다. 우리는 일상을 너무 망각한 채 살아갑니다. 그러나 안 먹고, 안 자고, 안 싸며 살아갈 수 있는 인간은 없습니다. 왜냐하면 먹고, 자고, 싸는 행위는 인간의 몸이 그 생명력을 유지할 수 있는 최소한의 원초적인 행동이며 조건이기 때문입니다. 그럼에도 불구하고 우리는 이러한 몸짓에 대한 아무런 성찰 없이 살아갑니다. 이런 점에서 우리는 먹고-자고-싸고-하는 인간, 즉 호모 비오티쿠스에 대해 생각해보아야 합니다.

**Q2. 몸짓의 의미를 묻는 질문이 왜 중요합니까?**

**A2.** 앞서 말씀드린 바와 같이 우리가 일상에 대해 관심을 환기할 때, 우리의 삶이 풍요로워질 수 있다고 생각합니다. 몸짓은 인간의 일상을 구성하는 원초적인 단위이자 행위입니다. 그러므로 저는 일상의 의미를 파악하기 위해서는 몸짓의 의미를 묻는 것으로부터 시작해야 한다고 생각합니다. 일상에 대한 성찰 혹은 일상의 부재에 대한 성찰—다시 말하자면, 못 먹고, 못 자고, 못 싸는 것—없이 거대 담론만을 가지고 인간을 설명할 수 없습니다. 하지만 오늘날 주류 인문학은 너무 거대담론에만 함몰되어 몸짓으로 구성된 인간의 일상에 대한 의미를 사색하는 것에 관심이 없는 듯합니다. 그러나 우리가 일상에 무관심하다면 인간에 대한 철학적, 문화사적, 인류학적 이해의 추구가 무슨 의미가 있겠습니까?

**Q3.** 최근 대중문화를 살펴보면 이른 바 '관찰예능프로'가 큰 인기를 끌고 있습니다. 그러다 보니 개인의 일상을 보여주는 일이 우리에게는 너무 자연스럽습니다. SNS에서도 우리 스스로가 개인의 일상을 말하는 것은 자연스러운 일입니다. 일상에 대한 담론이 넘쳐나는 것처럼 보이는 오늘날의 상황 속에서 왜 일상의 부재를 말하시나요?

**A3.** 저는 오늘날 SNS와 대중문화 속에서 일상을 지나치게

노출하는 시도들이 오히려 일상을 파괴하고 있다고 생각합니다. 그런 시도들은 일상으로부터 서사를 빼앗아갑니다. 과거만 하더라도 일상은 카메라 앵글을 들이대어 공개하는 그런 영역이 아니었습니다. 지극히 개인적인 프라이버시의 영역, 즉 사적인 영역이었습니다. 하지만 오늘날 우리는 그러한 사적인 공간을 카메라 앵글을 통해 낱낱이 봅니다. 이는 제가 말씀드린 일상으로의 귀환과는 다른 것입니다. 이러한 관찰예능의 시도들은 유명 연예인들의 일상을 윈도에 전시하는 상품처럼 만들어 방송이라는 매체를 통해 시장 속에서 소비하게 만듭니다. 이러한 예능프로는 일상을 회복시키는 것이 아니라 일상의 서사를 빼앗아 우리 삶에 일상의 부재를 부추깁니다. 제가 일상의 담론을 활성화시켜야만 한다고 주장하는 것은 우리의 일상을 예능프로에서 하는 것처럼 적나라하게 노출시키자는 이야기가 아닙니다. 나의 잠자는 모습이 외부에 공개적으로 노출되었을 때 잠에 대한 서사는 사라집니다. 그것은 마치 옷으로 가려진 몸을 적나라하게 까발렸을 때 그러한 노출이 몸에 대한 서사를 지워버리는 것과 유사합니다. 여기에서 인체의 가려짐으로 인하여 형성되는 에로티즘의 관능미는 무차별적인 노출로 인하여 포르노의 외설로 전락하게 되고 맙니다. 유명 연예인의 일상을 카메라 앵글에 담아 영상이라는 진열장에 진열하여 전시하고 눈요기 감으로 팔아먹는 이러한 관찰예능프로는 우리에게 일상의 의미를 찾게 해주는 것이 아니라 일상을 상품으로 만드는 것이며, 일상이 이렇게 눈요기 감으로 상품화되는 순간 일상의 서사는 휘발되게 됩니다. 일상의 담론을 회복하자는 저의 주장은 일상을 노출시켜서 까발리자는 이야기가 아니라 일상의 의미를 묻고 찾아보고자 하는 노력을 끈질기게 지속하자는 뜻입니다.

**Q4.** 그렇다면 일상을 우리의 삶으로 귀환시키는 방법은 무엇입니까? 오히려 일상을 신비스럽게 우리의 삶 속에 머무르게 하려면 일상에 대하여 말하지 않는 것이 최선이 아닐까요?

**A4.** 노자老子의 『도덕경』, 즉 '길과 얻음의 경전'에 보면 "도가도비상도 명가명비상명道可道非常道 名可名非常名"이라는 말이 나옵니다. "길을 길이라 말하면, 더 이상 길이 아니고, 이름을 이름 지어 말하면 더 이상 이름이 아니다"라는 뜻입니다. 진리는 언어를 통해 수립되지 않는다는 동양의 사고, 즉 '불립문자不立文字'의 사상이 잘 드러나는 대목입니다. 동양의 전통에서 언어는 진리를 가리키는 손가락일 뿐 진리 자체가 아닙니다. 그럼에도 불구하고 노자는 『도덕경』을 썼습니다. 왜

냐고요? 우리는 언어를 떠나서 우리의 진실을 설명할 길이 막연하기 때문입니다. 우리 인간들에게 언어는 운명이고 숙명입니다. 그런 점에서 인간은 언어의 질곡 속에 빠져 있으며, 실로 언어에 중독되어 있다고 할 수 있습니다. 그러한 인간이 언어로부터 벗어나는 길 또한 '언어'를 통해서만 가능합니다. 노자의 말도 이와 다르지 않습니다. 노자는 "도가도비상도道可道非常道"라고 말했지만 이를 언어를 통하여 말하고 있습니다. 노자가 말하고 싶었던 것은 『도덕경』에서 말한 길을 실제의 길과 동일시하면 안 된다는 점입니다. 일상의 귀환, 일상을 말하는 것도 같은 맥락이라고 할 수 있습니다. 일상의 의미를 찾기 위해서는 언어로부터 출발해야만 합니다. 우리는 일상에 대해 말하기를 주저하면 안 됩니다. 그러나 일상에 대해서 우리가 말하는 것과 일상에 카메라 앵글을 들이대어 진열대에 전시하는 것은 근본적으로 다릅니다.

**Q5.** 우스갯소리로 책 읽는 사진을 SNS에 올리는 사람은, 평소 일상에서 책을 읽지 않는 사람이라는 말이 있습니다. 일상에 대해 이야기한다는 것이 오히려 일상의 부재 때문이 아닐까요?

**A5.** 동의합니다. 우리가 일상에 대해 말해야만 하는 이유

는 일상에 대해 우리가 너무 망각하면서 살아가기 때문입니다. 그래서 일상에 대해 관심을 가지고 말하는 것이 중요합니다. 우리는 일상의 의미를 잊은 채 다른 일에 관심을 두고 사는 경우가 대부분입니다. 자본주의 사회가 되다 보니 사람들은 관심을 온통 돈에 두고 살아갑니다. 돈을 버는 이유도 따지고 보면 행복을 위한 것인데, 돈에 대한 집착은 돈 버는 것 자체를 목적으로 삼게 만듭니다. 그래서 돈 때문에 일상의 소중함을 망각합니다. 그러나 삶이 일상성을 잃어버리는 순간, 삶은 신체를 잃어버린 유령의 삶으로 전락하고 맙니다.

**Q6. 일상은 인간에게만 있습니까? 동물에게는 일상이 없습니까?**

**A6.** 일상의 담론은 인간에게만 유의미합니다. 왜냐하면 인간만이 실존을 가진 존재이기 때문입니다. 그렇다면 개나 고양이에게 실존이 있을까요? 실존이라는 것이 개와 고양이 같은 동물들에게는 성립될 수 없는 개념입니다. 실존ex[s] istenténtia이라는 말은 '밖으로'를 의미하는 'ex'(엑스)라는 말과 '서다'라는 의미의 'sistentia'(시스텐티아)가 결합되어 형성된 말이기 때문입니다. 그래서 이 말의 뜻은 '밖으로 나와서 서다'라는 뜻인데, 이는 자신을 대상화시켜서 자기를 관조하

고 성찰하며 반성할 수 있는 능력을 의미합니다. 밖에 서서 대상을 주밀하게 관찰하듯이 자신을 대상화시켜 관찰하고 관조하는 것은 인간만이 할 수 있습니다. 이를 통해 인간은 자신의 존재가 유한하다는 사실을 통찰합니다. 그러므로 오직 인간만이 일상의 의미를 인식하고 자각할 수 있습니다. 물론 동물도 밥을 먹고 인간도 밥을 먹습니다. '혼밥'이라는 말이 있습니다. 이는 혼자 밥 먹는다는 말입니다. 혼밥이라는 단어는 오늘날의 고독한 현대인을 묘사하는 말이기도 합니다. 인간은 혼밥을 먹으면서 고독을 느낍니다. 그리고 인간이 지나친 고독을 느꼈을 때 우울증에 걸리기도 합니다. 물론 개나 고양이도 우울증에 걸리는 경우가 있습니다만, 동물들은 자신들의 행위를 인간처럼 실존의 방식으로 이해하거나 질문하거나 받아들이지는 않습니다. 하지만 이왕지사 개나 고양이 이야기가 나왔으니 하는 말인데, 어쨌든 인간이 일상의 의미를 회복하는 것은 동물들에게도 좋은 일입니다. 왜냐하면 인간이 일상의 의미를 회복할 때 일상에서 자신이 마주하는 대상들을 소중하게 대할 것이기 때문입니다.

**Q7. 자아실현을 위해 일상을 포기하는 인간들을 우리는 어떻게 생각해야만 할까요?**

**A7.** 몇 가지 예를 들어보겠습니다. 먼저 오지를 탐험하는 탐험가에 대해서 말해봅시다. 아무리 자아실현과 목적의식에 사로잡힌 탐험가라고 할지라도 먹지 않고 잠자지 않고 대소변을 보지 않고 탐험을 할 수는 없는 노릇입니다. 인간은 몸을 가지고 있습니다. 인간은 몸이 없는 유령이 아니기에, 몸으로부터 이탈될 수 없는 것이 인간이라면 일상은 어느 경우를 막론하고도 누구에게나 처해진 현실입니다.

다른 예로, 수도자들이 종교적인 자아실현을 위해 먹고 자는 것을 금하는 경우도 있습니다. 그러나 이러한 경우도 같은 선상에서 생각할 수 있습니다. 이러한 수도자들의 수행도 일상을 떠나 있지는 않습니다. 단적으로 이야기하자면 '먹지 않는 것을 목표로 하여 포식하는 수행'은 없습니다. '잠자지 않기 위해서 몇 날을 내내 잠자는 수행' 또한 없습니다. 금식하는 것은 먹는 것에 대한 의미를 찾고 그것에 대해 감사하기 위한 수행입니다. 칼릴 지브란은 "우리가 먹을 때에 수많은 생명들이 희생되기 때문에, 먹는 행위가 예배가 되게 하라"고 말했습니다. 그래서 다석 유영모는 "식사는 장사(장례식)이다"라고 설파했습니다. 다석은 식사를 목구멍으로 넘어가는 생물들의 장례식이라고 생각하여 1일 1식을 실천했습니다. 그는 가능한 한 먹는 것을 줄이고 저녁에 한 번만 먹었습니다. 먹지 않는 절제는 먹는 행위에 대한 긍정과 의미를 찾기 위한 수행입니다. 먹지 않는 수행은 아무것도 먹지 않고 죽기 위한 목적으로 행하는 수행이 아닙니다. 잠과 관련한 수행도 마찬가지입니다. 잠을 안 자는 능력을 배양하기 위해서 몇 날 동안 잠을 자지 않는 그런 수행은 없습니다. 모든 종교적 수행은 일상을 긍정하기 위한 수행입니다. 일상이 소중하다는 것은 절제와 극기를 수행해보았을 때 극명하게 느낄 수 있습니다. 곡기를 끊어보았을 때, 잠을 자지 않았을 때, 먹고 자는 것의 의미와 그것의 소중함을 깨달을 수 있습니다. 종교적인 수행도 일상의 의미를 긍정하기 위한 것이지, 일상의 의미를 부정하기 위함이 아닙니다.

**Q8. 종교 속에서 일상은 세속적인 가치로 여겨져 터부시되는 측면이 있습니다. 그렇다면 저자께서는 일상과 관련하여 종교는 어떤 역할을 수행해야 한다고 보십니까?**

**A8.** 인간은 먹고 마시며 살아가고, 결코 이를 거부할 수 없습니다. 하지만 먹고 마심에 대한 남용은 먹고 마심의 가치를 휘발시킵니다. 성서에서 예수는 죽음에 임박해서 먹고 마시는 행위를 통하여 자신의 삶과 죽음의 의미를 제자들에게 가

르쳐주었습니다. 그것이 바로 예수가 죽기 전날 밤 제자들에게 베푼 마지막 만찬, 즉 '성만찬'입니다(「마가복음」14장 22~25절). 성서에 보면 먹고 마시는 행위가 신국神國의 잔치를 묘사하는 은유로 등장하는가 하면, 이와는 반대로 신의 나라는 먹고 마시는 나라가 아니라 성령 안에서 정의와 기쁨과 평화의 나라라고도 말합니다(「로마서」14장 17절). 그래서 성서는 먹고 마시는 행위 자체를 좋거나 나쁜 것으로 규정하고 있지는 않습니다. 그러니 어떻게 먹고 마시느냐가 중요합니다. 그것이 어떤 방식으로 수행되는가에 따라서 먹고 마시는 행위는 좋은 것일 수도 있고 나쁜 것일 수도 있습니다. 그런데 먹고 마시는 행위로부터 인간이 자유로울 수 없기 때문에, 먹고 마시는 것에 대한 남용은 인간을 어렵게 만듭니다. 예를 들어 지나친 과식과 과음을 무절제하게 계속하면 인간은 당뇨와 고혈압에 시달리게 됩니다. 그렇다고 해서 먹고 마시는 행위를 금하면 거식증이 올 수도 있고, 심한 경우 영양실조로 아사, 즉 굶어 죽게 됩니다. 결국 먹고 마시는 것의 의미를 바르게 이해하고 실천해야 건강하고 행복하게 살 수 있습니다. 그런 의미에서 종교는 인간에게 일상의 의미를 알려주며, 일상을 어떤 방향으로 운영해야 하는지를 알려주는 로드맵이며, 일상이 궤도를 이탈하여 불행과 불건강한 삶으로 떨어지지 않게 하는 제어장치Bremsesystem와 비평장치criticus aparatus로서의 역할을 수행해야 합니다.

**Q9. '일상'이라는 말은 오래된 것 같으면서도 새로운 느낌이 있습니다. 교수님이 말씀하시는 '일상'은 미시정치와 관련하여 어떤 관련성이 있을까요?**

**A9.** 오늘날 인문학은 너무 거대담론에만 치우쳐 있는 감이 없지 않습니다. 그러나 먹고-자고-싸고-하는 행위, 즉 몸짓이 없이는 인간을 둘러싼 어떠한 거대담론도 의미를 상실할 수밖에 없습니다. 몸짓의 의미를 묻지 않는 호모 사피엔스, 호모 아도란스, 호모 파베르, 호모 루덴스, 호모 폴리티쿠스는 공허하고 허황됩니다. 몸은 모든 사유와 사상의 토대입니다. 사상이라는 식물은 몸이라는 대지 위에서만 성장할 수 있습니다. 악마는 디테일에 있다는 말이 있습니다. 문제를 해결하려면 더욱더 디테일해야만 하는 것이지요. 가령 공동체론Gemeinschaftlehre은 오늘날 중요한 거대담론 가운데 하나지만 공동체도 개인이 모여야 형성되는 것입니다. 공동체를 이루는 인간은 몸을 가지고 있고, 이러한 몸과 몸의 네트워크가 공동체라면, 결국은 미시정치의 토대는 인간과 인간 사이의

몸짓이 형성시키는 일상이 아니고 무엇이겠습니까? 일상에서 시작하지 않는 공동체는 없습니다. 왜냐하면 공동체라는 것은 일상을 살아가는 인간들의 모임이고 회합이기 때문입니다. 다른 예도 한번 들어봅시다. 예를 들어 누군가가 인간을 '예술적인 인간'이라고 규정했다고 합시다. 그러나 예술적인 인간도 몸짓의 원초성이 거부되면 아무런 의미가 없습니다. 먹고, 자고, 화장실에 가고, 듣고, 보는 것을 무시한 채 인간을 예술적인 인간이라고 정의한들 그것이 무슨 의미가 있겠습니까? 우리의 일상 속에서 그 일상의 의미와 가치를 찾아야 그것의 토대 위에서 인간에 대한 거대담론도 의미를 가질 수 있습니다. 그런데 오늘날 인문학의 담론에서는 이러한 소박하고 원초적인 일상에 대한 담론을 찾기가 힘듭니다. 너무 거대담론이 주종을 이루고 있습니다. 국가란 무엇인가? 정의란 무엇인가? 역사란 무엇인가? 이런 거대담론들 말입니다. 물론 이러한 거대담론들이 의미가 없다는 것이 아닙니다. 그러나 '역사'나 '국가'나 '정의'라는 것이 있기 전에 인간이 먼저 존재했다는 사실을 간과해서는 안 됩니다. 그러므로 인간의 일상, 즉 가장 원초적인 인간에 대한 탐구로서 우리가 먹고, 자고, 보고, 듣고, 말하고, 똥 누고, 섹스하는 것에 대한 의미를 생각해보는 것은 대단히 중요합니다. 이러한 측면에서 저는 인간을 (일)상스러운 인간, 즉 호모 비오티쿠스로 정의합니다. 호모 비오티쿠스는 인간의 몸짓에 초점을 맞춘 인간에 대한 이해입니다. 그러기에 이것은 호모 사피엔스나 호모 파베르보다도 훨씬 더 원초적이고 근원적인 인간에 대한 성찰이 아닐 수 없습니다. 그런 의미에서 몸짓에 대한 사색은 인간에 대한 원초적인 사색이라 하겠습니다. 몸놀림을 하는 인간, 즉 먹고, 자고, 싸고, 하는 인간이 바로 호모 사피엔스이고, 호모 파베르이고 호모 아도란스이며 호모 폴리티쿠스입니다. 그러므로 본 저서『몸짓의 철학』은 가장 원초적이고 근원적인 인간에 대한 담론이라고 하겠습니다.

**Q10.** 최근에 불고 있는 '노브랜드', '미니멀리즘' 같은 시장의 유행들을 보며, 자본에 대항하는 것들을 포획하는 자본의 괴물성을 봅니다. 최근 소소한 일상의 서사에 대해서 다룬 작품들도 어렵지 않게 볼 수 있습니다. 이러한 시기에, 일상은 이미 자본에 포획된 것처럼 보입니다. 이러한 일상이 자본에 대항할 수 있을까요?

**A10.** 본서는 정치 담론에 초점을 맞추고 있지 않습니다. 그러나 몸짓에 대한 담론은 모든 담론의 뿌리이고 토대입니다. 그러나 몸짓과 그것으로부터 형성되는 일상이 없이는 우리

삶의 그 어떤 행동이나 사유도 의미를 상실하고 말 것입니다. 미시담론이야말로 거시담론의 근간이요 토대라는 사실을 독자에게 말씀드리고자 하는 것이 저자의 글쓰기 전략이라 하겠습니다.

일상은 이념을 초월합니다. 좌파든 우파든, 사회주의자든 자본주의자든, 그리스도인이든 불교인이든 무신론자든 인간이라면 누구나 자신의 삶 속에서 일상을 살아갑니다. 그러므로 몸짓에 대한 담론은 자본에 대항해서만 서 있지 않습니다. 비일상적인 모든 것에 대항하여 서 있습니다. 자본의 포획 방식은 나날이 더 치밀하고 교활하며, 매일 그 전략과 전술을 변화무쌍하게 바꿔갑니다. 그런데 여기에 비하여 사상적 대처는 속도가 느리고 변화가 더딥니다. 그러나 우리 일상의 몸짓과 삶은 수천 번 수만 번 기하급수로 반복되고 있습니다. 그러므로 우리가 일상의 의미에 대한 성찰을 지속적으로 유지할 수 있다면 자본에 포획되지 않는 삶의 가치를 구현할 수 있는 가능성을 넓혀갈 수 있을 것입니다.

**Q11. 저자로서 이 책을 읽는 독자에게 바람이 있다면 무엇입니까?**

**A11.** 본서는 정답을 주는 책이 아닙니다. 오히려 이 책은

열린 책입니다. 본서는 저자가 생각하는 몸짓에 대한 담론을 통하여 일상의 의미를 진술한 책입니다. 그러기에 이 진술은 정답이 아니라 샘플 내지는 예시일 뿐입니다. 이러한 예시가 일상에 대한 독자의 사유를 활성화시키는 촉매제가 되기를 바랍니다. 그리고 인간의 몸짓들과 그것들이 형성하는 일상에 대한 저의 통찰들이 자신의 일상을 성찰하고 풍요롭게 하는 일에 조금이라도 도움이 될 수 있다면 더 바랄 것이 없겠습니다. 가령 이 책에 실려 있는 잠자는 것에 대한 글을 읽고 독자 스스로 잠의 의미를 묻고 사색함으로써 잠자는 것의 의미를 더욱더 풍요롭게 할 수 있었으면 합니다. 우리가 몸짓 담론과 더불어 일상의 의미에 대한 풍요로운 이해를 더해갈수록, 오늘날 극단적인 자본의 논리가 판을 치는 이 세상에서 자본의 위력 앞에서 주눅 들지 않고 소박하고 진지하고 즐거운 삶을 향유할 수 있게 될 것입니다.